中公新書 2558

辻　陽著

日本の地方議会

都市のジレンマ、消滅危機の町村

中央公論新社刊

はじめに

日本人にとって地方議員は縁遠い存在になりつつある。平成の大合併が始まる前年の1998年末には、全国で6万3000人余りの地方議員が在職した。しかし複数回にわたる地方自治法改正と平成の大合併による町村数の減少が影響して、2018年末の地方議員数は3万2000人余りに減少した。この減少分のほとんどを市区町村議員が占めており、2000年から2015年にかけて20歳以上人口が約300万人増えているなか、同議員1人当たりの有権者数は、約1700人から約3400人へと倍増したのである。

さらに度重なる醜聞《しゅうぶん》が有権者の地方議会や地方議員に対する忌避感を高めたようである。2014年夏には、兵庫県議会議員（当時）が年間200回近くに及ぶ「日帰り（カラ）出張」のための交通費を政務活動費（地方議員にとって必要な調査・研究その他の活動を行うために、各自治体の会計から繰り出される金銭）から充当していたことが明らかになった。テレビで釈明の「号泣」会見を行った当議員の姿を記憶に留めている読者も多いことだろう。

それ以後も政務活動費の不正使用や議員の不祥事は後を絶たず、日本の地方議会や地方議員に対する信頼感は地に墜ちたようである。10年以上前の時点で既に、地方議会に対する満足度は低かった。２００６年12月の日本世論調査会による世論調査では、「地方議会の現状に全く／あまり満足していない」という回答が６割を占めていた。富山市議会で政務活動費の不正使用が明らかになり14人の市議が辞職した後に、北日本新聞社が富山県民を対象に行った世論調査（２０１７年11月実施）でも、６割の人が地方議会に対して「全く／あまり満足していない」と答えており、「大いに／ある程度満足している」と答えた14％を大きく引き離した。

このように、地方議会に対する住民の評判には非常に厳しいものがある。だが他方で、強い熱意をもって「議会改革」に邁進《まいしん》している地方議会関係者が存在するのも事実である。２００６年、北海道栗山町《くりやまちょう》は全国に先駆けて「議会基本条例」を制定し、全国の議会改革のモデルとなった。この「議会改革」が目指しているのは、議会における政策立案機能の拡大であったり、政務活動費の使途も含めた情報公開の促進や、「議会報告会」の実施などといった、住民と議会との接点強化であったりする。２０１０年からは早稲田大学マニフェスト研究所が毎年「議会改革度調査」を実施し、自治体議会改革度ランキングを公表するようになり、多くの地方議員や議会事務局職員はその変動に一喜一憂している。「議会基本条例」

制定自治体数も今や、全自治体数の半数近く、約800にまでのぼった（2017年4月現在）。だが、その熱意や議会改革の成果がどの程度広く住民に伝わっているかというと、甚だ心許なく思われる。

実は、一口に地方議会といっても、自治体によってその内実は様々であり、議会改革が進んだ自治体もあればそうでない自治体もある。しかし、それ以上に議会の特性を大きく左右するのは、自治体の人口規模である。たとえば、全国でもっとも大きな地方議会である東京都議会の定数は127名であり、各議員に議員報酬月額102万2000円（ただし2020年3月末まではその2割が減額されている）が支払われるほか、月額50万円ずつ政務活動費が宛がわれている。他方、町村総会の設置が検討された高知県大川村《おおかわむら》の議員定数は6名であり、それぞれが受け取る議員報酬月額は15万5000円（2018年7月現在）に過ぎず、政務活動費は交付されていない。都議会とまではいわずとも、都道府県や政令指定都市（政令市）レベルの議会であれば、相当な予算額が議会費として割かれ、各議員は議会活動に専念できるし、議会事務局の力を借りて政策条例をつくることも決して困難ではない。しかしながら、大川村のように人口規模が小さな議会の場合、予算も限られるために、議員報酬だけでは生活していくことも十分な議会活動を行うことも難しい。その結果、議員としての仕事の魅力も失われてなり手が現れなくなり、議会に住民の声を反映する役割を期待することも厳しい状況になってしまったのである。

もっとも、人口規模が大きな自治体の議会であっても、その存在意義が問われたり、逆に邪魔者扱いされることもある。一般に、規模の大きな議会ほど政党化が進展し、自民党に加えて旧民主党系の会派も結成されるようになる。一見、政党を軸とした政策対立や密度の濃い議論が期待できそうに思えるが、実際には、これら国会で対決している与野党が、地方では手を結んで都道府県知事や市区町村長（両者を併せて「首長」と呼ぶ）を支援する「相乗り」体制となっていることも多く、このとき議会は総じて首長の追認機関となりやすい。他方で、首長にとっての「野党」が多数を占めるときには、河村《かわむら》たかし名古屋市政やかつての橋下《はしもと》徹《とおる》大阪府・市政のように、議会が首長に対する「抵抗勢力」として槍玉に挙げられることもある。つまり、首長「与党」が多数を占めていようがなかろうが、政党化した地方議会や議員もまた、住民の期待から外れた行動をとっているように見なされて、批判の対象となりやすいのである。

本来、地方議会の議員だけでなく首長も直接選挙によって選出する「二元代表制」において、地方議会は、多様な住民の意見を政治的意思決定に反映し、首長に対する適切な歯止めとなることが求められている。しかしながら、「二元代表制」の観点から導かれる理想的な地方議会・地方議員モデルと実際の議会や議員のあり方との間で、現状はズレが生じているといわざるをえない。本書では、これまで人口規模の違いを考慮せず一括りにされてきた地方議会や地方議員について、大規模自治体のそれと小規模自治体のそれとを区別して現状を分析したうえで、「議会改革」を論ずることにしたい。そうすることで、日本の地方議会や地方議員に対して異なるイメージを提示できたとすれば、筆者としては幸甚《こうじん》である。

目次

図・グラフ作成：ケー・アイ・プランニング

日本の地方議会

都市のジレンマ、消滅危機の町村

第1章　強い首長、弱い議会

本書の手始めとして、地方議会や地方議員をとりまく制度について説明を行う。本章では、住民と議会、首長が置かれている制度上の関係、すなわち執政制度に注目し、その特徴を描き出す。日本の国レベルで議院内閣制が採用されているのとは異なり、地方レベルでは、住民が首長や地方議会の議員双方を個別に選出する、二元代表制が70年以上にわたって維持されてきた。その制度の下、首長には強い権限が認められた一方、議会の有する権限は限定され、それが議会の存在感を低下させた。また、地方議員という職業が、名誉職と専門職の中間に存在するようなものとして法律上位置づけられており、議員をサポートする体制も限られていることについても、本章では明らかにする。

第1節　地方議会・議員の位置づけ

有権者と政治家

現代では、衣食住どれ一つとっても、わたしたちは自給自足することができない。農家や漁師、衣服を縫製する工場で働く人々、とれた米や魚、工場製品を店に運ぶ運送業従事者、そしてそれらを商品として売る店員など、たくさんの人の生み出す財やサービスを受け取ることで、生活を送ることができる。言い換えれば、他人と「分業」することで、わたしたちの日々の暮らしが成り立っている。

このように、現代社会は様々なバックグラウンドをもった人々によって構成される。当然、それぞれ就いている仕事や住む場所によって直面する課題も異なる。農家であれば日々の天候に強い関心をもち、大雨による土砂崩れなどで農地が崩れないよう治山・治水事業が推進されることを望むだろう。他方で工場労働者にとって天候はそれほど重要な関心事ではなく、日々の労働環境の改善と通勤時の混雑緩和を期待するだろう。店員やその店の経営者は、利益確保のために食料品価格の安定を好むだろうし、商品流通の円滑化を志向するだろう。

では、これら人によって異なる種々の希望はどのようにすれば叶うだろうか。治山・治水事業を行うにも、商品流通円滑化のための自動車道や快適な駅ホームの整備にしても、莫大《ばくだい》な金額がかかる。ましてやこのような事業に手を挙げる民間業者はまずいないだろうし、あったとしても１社で抱えるには大きすぎる負担となるだろう。そこで政府の出番となる。政府がお金を出して民間事業者に工事を発注し、治山・治水事業を進めたり、道路や駅ホーム・街路を改善するのである。労働環境の改善にしてもそうである。政府による規制がなければ、工場労働者もスーパーの店員も、低賃金で長時間働かされ続けることになるだろう。それゆえ、政府でルールを定めてそれを工場や店の経営者にも守らせることで、工場労働者や店員の健康と賃金を守るのである。

こうして日々の生活をより暮らしやすくするために機能するのが政府である。とはいえ政府が行える仕事の量にも限界がある。政府が使うお金の原資の多くは税金に依存しており、そう易々と徴収できるものではない。また、お金だけでなく政府の人員（公務員）の数も限られるなか、人々が求める事業をすべて政府が実現することはとうてい不可能である。

そこで、実行すべき政策の優先順位を付けることが必要になる。この政策の順位づけにおいて影響力をもつのが政治家、つまりわたしたちの「代表」である。国であれば国会議員だし、自治体であれば首長（都道府県知事や市区町村長）であり地方議員である。政治家は政府職員にその意向を伝えて予算案を作成させたり、あるいは議会に提出された予算案の内容を検討し、ときにはそれを否決して再度予算案をつくらせることで、影響力を行使し、自分を支持してくれた有権者の期待に応えようとする。つまり、有権者はその求める政策の実現を政治家に託し、政治家は政策実現のための議案づくりを政府職員に依頼するという委任の連鎖が、有権者—政治家—政府職員の間に形成されるのである。

地方議会・地方議員と予算

では、政策の優先順位を付けるとは、どのようなことなのか。子ども医療費を例に考えてみよう。国の制度では、病院や診療所にかかったときに窓口で支払う額は、0歳児から就学前の6歳児までならば2割、小学生以上が3割となっている。ところが、住む市区町村によっては、この支払い額が減額されたりゼロとなったりすることがあるし、減額適用の対象もまた、未就学児まで、小学3年生まで、小学6年生まで、中学生までなどと、自治体によって大きく異なる。なぜならば、その市区町村やその自治体を含む県がそれぞれに、国の負担分に上乗せして医療費の助成を行っているからである。つまり、子どもやその親を住民として呼び寄せ定住させたいがゆえに、多額の子ども医療費を徹底的に負担する自治体も現れた(暴言市長で有名になった兵庫県明石《あかし》市もそうである)。他方で、子ども医療費にそこまでの予算を付けず、地域活性化のために「道の駅」を整備したり、ゆるキャラなどを使った観光P

Rを行って、他の自治体の住民に訴えかける戦略をとる自治体もある。

このように、自治体にも政策選択の余地があり、実際に優先順位を付けながら政策ごとに支出額や支出割合を決定している。この支出の内訳、すなわち予算を最終的に決めるのは地方議会である。とはいえ、後述するように、自治体の予算案を作成し議会に提出する権限をもつのは首長のみであり、議員には提出権限がない。そこで各議員は、3月頃に開かれる議会の開会前に予算要望を首長やその指揮下にある首長部局に伝えたり、あるいは議会での会派代表質問や一般質問で重点を置くべき政策を主張するなどして、自らが求める政策実現のための予算獲得に向けて行動する。さらに、その要望が通らないと思われる場合には、予算案否決の可能性をちらつかせることで、首長や職員に予算内容を再検討させ、議員の要望に沿って「訂正」した予算案を再提出させることもある。

ここで忘れてならないのは、各議員は自らを当選させた有権者の視点をもつということである。市区町村、それも人口規模の小さな自治体になればなるほど、小学校区や大字《おおあざ》などその出身地域の住民の代表として活動する意味合いが強まる。たとえば、地域周辺道路を整備するための費用を予算案に組み込ませることで、各議員はその「地域」になくてはならない地位を獲得し、次期選挙における再選可能性を高めようとする。

他方で、都道府県や政令市（国に指定申請した人口50万人以上の都市で、道府県の8割程度の権能をもつ〔北村２０１３〕）のような大規模な議会においては政党化が進み、ほとんどの議員がいずれかの政党に属している。その場合、各議員は所属する政党が選挙時に提示したマニフェストや公約が支持されたと考え、その実現のために党派ごとにまとまって行動する。そうして政策に反映させることができたならば、その党の「実績」を前面に出して次の議員選挙に挑むことになる。

こうして、議員は予算案の議決に際し、議会の場もしくは議会外において、様々な方向から影響を及ぼすことで、政策の実現を図る。もっとも、実際には、予算案を含めた首長提出議案が議会において否決されたり修正されたりすることは非常に少ない。全国市議会議長会の調べによれば、２０１７年中に市区長により議会に提出された条例・予算・決算その他すべての議案９万６４９件のうち、市区議会が否決・不認定・不同意・不承認としたのはわずか２０４件、修正可決したのも１８５件に留まり、逆に継続審議となったり撤回されたりした議案を除く８万９８３６件が原案可決・認定・同意・承認されている。つまり、市区議会に提出された議案のうち修正可決・否決された議案の割合は０・４％しかない（全国市議会議長会『市議会の活動に関する実態調査結果：平成29年中』、以下断りがないかぎり、市区データについては同資料による）。同様に、町村議会においても、２０１７年中の付議案件８万１２９７件のうち否決・不承認・不同意とされたのは３９２件、修正可決されたのは１１２件に留まる（全国町村議会議長会『第64回町村議会実態調査結果の概要』、以下断りがないかぎり、町村データについては同資料による）。

このように、議会の首長に対する影響の及ぼし方が見えにくく、さらに議決結果から議会が首長に対する追認機関であるかのように見えてしまうために、地方議会や地方議員に対する有権者の視線も厳しくなっている現状がある。ただ、繰り返すが、このことが直ちに、地方議会が首長に対して無力であることを意味するわけではない。地方議員が予算案を認めないかぎり、首長は予算を執行できないこととなっているからである（ただし首長によって予算案の専決処分がなされることもある。後述）。行政を円滑に進めるためにも、首長は議会を無視して独走するわけにいかず、各議員からの同意を得ることが必要なのである。

本節では以下、国会や国会議員と比較しながら、地方議会や地方議員の位置づけについて紹介する。

憲法上の位置づけと条例制定権

日本国憲法には、明治時代に制定された大日本帝国憲法にはなかった、地方制度に関する規定が「第8章　地方自治」としておかれている。その第93条第1項は「地方公共団体には、法律の定めるところにより、その議事機関として議会を設置する」と定めている。同条第2

項は「地方公共団体の長、その議会の議員及び法律の定めるその他の吏員は、その地方公共団体の住民が、直接これを選挙する」としている。ここでいう「地方公共団体」には都道府県や市区町村が含まれる（「区」とは東京23区のような特別区を指す）。そして「長」とは、都道府県知事や市区町村長といった首長のことである。つまり、第93条は、地方議会が（1）憲法上必ず設置しなければならない機関であり、（2）首長と並んで住民の代表として機能することが期待され、（3）当該自治体の意思決定機関であることを示している。

さらに同第94条では、「地方公共団体は、……法律の範囲内で条例を制定することができる」と規定され、これを承けて地方自治法（以下自治法）第14条第1項でも「地方公共団体は、法令に違反しない限りにおいて……条例を制定することができる」とされている。つまり、国が定める法律や政省令に違反しない内容であれば、自治体には独自の法規範（ルール）である条例を制定する権限がある。さらに、同条第2項において、住民の権利を制限したり住民に義務を課したりする際には条例を制定する必要がある旨が規定されている。つまり条例は、法律等と並んで自治体における法規範として非常に重要な役割を果たすものであり、その意味でも地方議会は国会同様、条例を法規範として有効にする機関として位置づけられる。

国会や国会議員との違い

とはいえ、憲法学や行政法学においては、地方議会の性格をめぐって国会との「違い」を強調する議論が中心的に行われてきた（駒林２００６）。憲法第41条は、国会を国権の最高機関かつ唯一の立法機関としている。だが、自治体では、議会だけでなく首長も住民の代表として選出されることから、地方議会の「最高機関」性は否定される。また、首長にも規則制定権があるために（自治法第15条）、議会が「唯一の立法機関」であるともいえない、と考えられてきた。

議員の身分についても、国会議員と地方議員とでは大きく異なる。国会議員には、国会の会期中に逮捕されないとする、不逮捕特権がある（憲法第50条）。また、国会内で行った演説や討論、表決行動についても責任を問われないとする、免責特権も与えられている（同第51条）。しかし、地方議員にはこれら不逮捕特権も免責特権も認められていない。１９６７年の最高裁判決は、地方議会についてもある程度までは自治・自律の権能が認められているとはいえ、国会と同様の議会の自治・自律が認められているわけではなく、地方議員の発言についても免責特権が憲法上保障されているとはいえない、と判示している。

また、住民は、自らが住む自治体の議会の解散や議員の解職を請求する権利をもつ（自治法第13条）。具体的には、当該自治体有権者総数の３分の１（その総数が40万を超え80万以下の場合にはその40万を超える数に6分の1を乗じて得た数と40万に3分の1を乗じて得た数とを合算して得た数、その総数が80万を超える場合にはその80万を超える数に8分の1を乗じて得た数と40万に6分の1を乗じて得た数と40万に3分の1を乗じて得た数とを合算して得た数）以上の署名を集めれば、解散・解職の是非を問う住民投票にかけることができる。もしこの住民投票において議会の解散や議員の解職に賛成する票が過半数であったならば、議会は解散する、もしくは当該議員が失職することとなる（同法第76条・第78条・第80条・第83条）。つまり、住民は、所定数の署名を集めて住民投票にまでたどり着けば、地方議員を辞めさせることができる。他方で、国会や国会議員について同様の規定はなく、国民は国会議員を失職させる術をもたない。

歳費と議員報酬

さらに、地方議員の身分についても、国会議員のそれとは大きく異なる。国会議員は国庫から相当額の歳費を受け取ることとされ（憲法第49条）、その額は一般職の国家公務員の最高給与額より少なくないものでなければならない（国会法第35条）。つまり、国会議員ひとりひとりが、省庁の事務次官と同等以上の金銭を毎月受け取ることとされている。また、文書通信交通滞在費として月額百万円を受けるほか（歳費法第9条）、鉄道やバスにも運賃を支払わずに乗れる特殊乗車券も宛がわれる（同第10条）。そして、国会議員の立法に関する調査研究のために、各会派に対して、所属議員1人当たり月額65万円の立法事務費も支給されている（立法事務費交付法第1条〜第3条）。

それに対して、地方議員の受け取る金銭もその位置づけも、国会議員のそれとは大きく異なる。2008年の自治法改正前は、地方議員の受け取る金銭については、他の非常勤職員に対する報酬支給と一緒に規定されていた（自治法旧第203条第1項）。つまり、地方議員としての職の位置づけが、教育委員会等行政委員会の委員や監査委員、さらには選挙立会人等と同じ「報酬」扱いとなっており、議会本会議・委員会への出席や公務出張への対価として解釈されていたのである。

しかし、全国都道府県議会議長会・全国市議会議長会・全国町村議会議長会の3議長会がこの条文の改正を要望した。地方分権改革の進展により自治体の裁量が広くなるとともに地方議会の果たすべき役割や責任も拡大してきたため（第5章第1節参照）、国会議員と同様に、地方議員にも「歳費」を支給するとの規定に変更するよう求めたのである。しかしながら、結局のところ、非常勤職員の受領する「報酬」とは区別されたとはいえ、議員が受け取る金銭の名称は「議員報酬」に落ち着いた。自治法改正案を議論していた参議院総務委員会（2008年6月10日）での説明にもあったように、町村議会や小規模な自治体の議員が受け取るものについては、年俸的な性格を帯びた「歳費」という言葉はそぐわないとされたのである。

このことは、地方議員が専門職として捉えられるべきか、名誉職であるべきかについて、決着がついていないことを意味している。第4章第2節で指摘するように、現在でも、大規模な自治体とそうでない自治体とで議員報酬の額は大きく異なり、町村議会においては議員報酬だけで生活できない状況にある。「議員報酬」という名称そのものもまた、地方議員の位置づけが安定していないことの現れなのである。

議会事務局職員の人事

衆議院・参議院それぞれには、議員をサポートする衆議院事務局・参議院事務局が存在する。会議の運営に関する事務や、国会内各委員会の所管事務に関する調査や議員個人からの依頼に基づく調査、会議録等の編集などの仕事を行っている。これと同様に、地方議会についても議会事務局が置かれているのが一般的であり（自治法第１３８条）、地方議会の会議運営や地方議員の調査研究活動をサポートしている。

国の各省庁の職員については人事院が一括して採用試験を行っているが、衆議院と参議院は、これとは独自に、事務局職員採用試験を行っている。そもそも、各省庁で採用される職員は一般職の公務員とされ、国家公務員法の適用を受けるが、衆議院や参議院の事務局職員は、議院の自律性の重大さに鑑みて、特別職の公務員とされており、国会職員法が適用される。

他方、自治体においては、議会事務局として独自の採用が行われるわけではない。県庁もしくは市区役所・町村役場が職員を採用し、採用された職員の一部が議会事務局に配属される。つまり、議会事務局に配属されたとしても、その実質的な任命権者は議長ではなく首長である。議会事務局研究会の調査によれば、2010年3月に都道府県議会事務局長が退職した事例が20あったうち、議長から辞令交付を受けた者が11であったのに対し、知事から受けた者が8、議長と知事の双方から受けた者が1だったとのことである（髙沖他2016）。それゆえ、たとえ自治法上、「事務局長及び書記長は議長の命を受け、書記その他の職員は上司の指揮を受けて、議会に関する事務に従事する」（第138条第7項）とされ、総務部長など首長部局職員が首長の指揮監督下に置かれる（第154条）のとは対照的であるとしても、議会事務局職員が皆、議長や議会・議員ばかりを意識した行動をとるとはいえないだろう。昇進を目指し首長部局への異動を期待する議会事務局職員は、首長に気に入られようとして職務に当たる可能性がある。

もっとも、都道府県や政令市など人事委員会が設置されている自治体では、同委員会が職員採用試験や選考を行う形となっている。つまり、首長部局から独立させることで、人事行政における政治的中立性や公平・公正性を確保する建前となっている。だが、人事委員会は3名の委員で構成されているに過ぎず、実際の事務を取り扱うのは人事委員会事務局職員であるし、これら職員についても、議会事務局職員同様、首長部局を含んだ人事異動の一環として配属が決められる。同様に、人事委員会のかわりに公平委員会が設置されている小規模市町村においては、首長部局が職員の採用・選考を行うため、やはり議会や行政委員会を含む事務局の人事行政が、首長の影響下にあるといっても過言ではない。もっといえば、町村議会においては、議会事務局職員が平均して2・5人しかおらず、他の部署と兼任している職員の割合は6割以上に上る（平成30年7月現在）。自治体規模が小さくなればなるほど、議員を補佐する体制が貧弱になっている現状がある。

議会関係予算の執行

議会関係予算の執行についても、たいへんややこしい手続きがとられている。国会であれば、会計法第10条以下の規定により、衆参両院の議長にも予算執行権が与えられているが、自治体においては、予算を調製し議会に提出する権限をもつ首長に専属するものと考えられている（自治法第149条第2号）。議会に関する予算についてもその例外ではなく、執行権は首長にある。

そのため、議会関係予算を執行するためには、議会事務局内に、首長のもつ予算執行権の委任を受けた首長部局職員が必要となる。わかりやすくいえば、議会事務局に所属しながらも、首長部局の職員という肩書きも併せもつ人が、議会関連予算を執行する、という仕組みになっている。

よって、政務活動費（第4章第3節で後述）についても、議長ではなく首長によって議員や会派に交付される。結果として、多くの政務活動費の返還請求訴訟は首長を相手取る形で行われ、被告である首長に、不正利用をしたとする各議員や会派から金銭を取り戻すよう求める形になっている。

国会図書館と議会図書室

国会議員の職務の遂行に資するよう国立国会図書館が設置されている（国会法第130条）のと同様に、地方議会にも議会図書室の設置が義務づけられており（自治法第100条第19項）、また議員でなくても利用することができる（同条第20項）。だが、国会図書館に比べれば、議会図書室の果たしている役割は極めて限定的である。

『日経グローカル』の調査によれば、2014年現在、47都道府県の議会図書室の平均的な蔵書数は約3万冊、20政令市で約1万2000冊、政令市以外の32県庁所在市で約3200冊とのことである。国立国会図書館の2017年度の所蔵図書数が約1100万冊であることからしても、議会図書室の規模は極めて小さい。それもそのはず、都道府県や政令市における議会図書室の資料購入費（年額）は約200万円に留まっているし、都道府県のうち専任職員が置かれているのは39議会、政令市では10議会だけである。政令市を除く県庁所在市でいえば、年間の資料購入費は平均して約100万円であり、専任職員が置かれているのもわずか2市に限られる。つまり、残りの30市は議会図書室が文字どおり「書庫」と化しているという。国立国会図書館の職員定数が891名（2019年4月現在）であることと比べても、これは段違いの差である。

議員による図書室の利用も多いとはいえない状況にある。同調査から引用すると、都道府県議会議員への年間貸出冊数の平均は206冊であり、議員1人当たり3・6冊しか借りていない計算になる。調査依頼件数は議員と議会事務局職員を合わせて年間235件となるが、議員1人当たりにならせば年間4・1件に留まるし、そもそも各議員が同じように議会図書室を使うわけではなく、一部のヘビーユーザーだけが図書室を利用する状態にあるとのことである（井上2015）。全体として、議会図書室の不活用が際立つ状態だといえよう。

都道府県や政令市、県庁所在市の議会図書室ですらこのありさまだから、これより小規模な自治体におけるその機能や実績は極めて限られたものとなっているであろう。筆者が訪れたことのある人口約20万人の市の議会図書室は、使われている形跡が確認できず、各種審議会等に出席する非常勤職員の待合所と化していた。議会図書室は、存在するにもかかわらず、予算枠の制限もあって「議員の調査研究に資する」（自治法第１００条第19項）役割を果たしているとはいえない状況にある。

これまで述べてきたことから、国会と地方議会とは、同じ会議体でありながら、議員の身分上の位置づけも、そして議会をサポートする事務局のあり方も、両者の間で大きく異なり、地方議会・地方議員については厳しい状況に置かれていることが確認できた。次節では、住民と地方議会・首長間の制度的関係を概観し、議会が首長に対して弱い立場に置かれていることを明らかにする。

第2節　二元代表制

二元代表制・大統領制・議院内閣制

先述したように、日本国憲法第93条第2項は、住民自身が、住んでいる都道府県や市区町村の議員だけでなく、都道府県知事や市区町村長といった行政のトップをも直接選挙で選ぶ

図表1－1　二元代表制

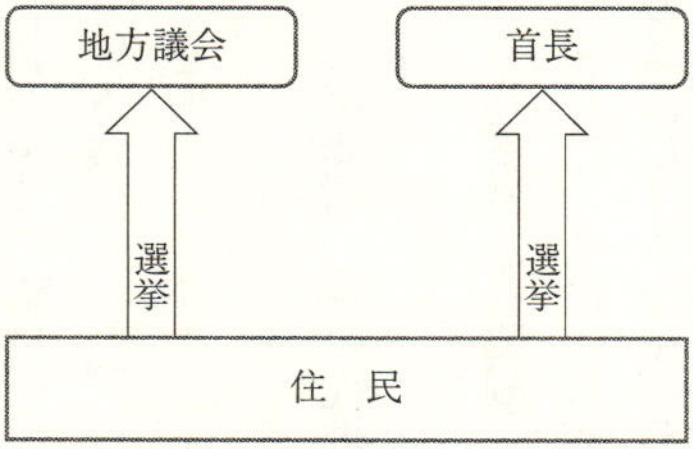

出典：筆者作成

図表1－2　大統領制

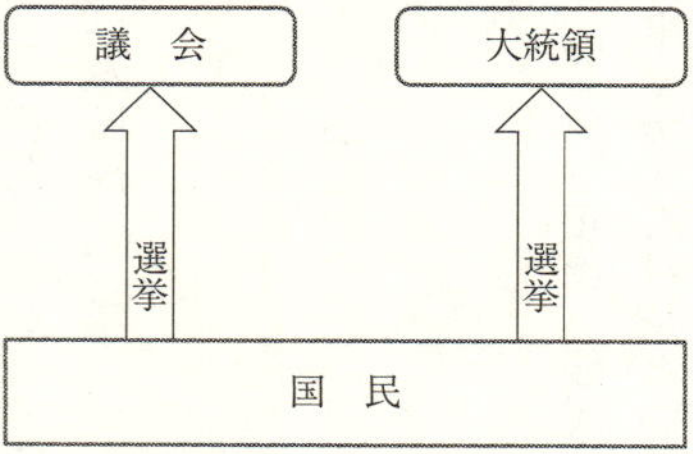

出典：筆者作成

ことを意味している。言い換えれば、議員によって構成される地方議会も首長も、ともに住民の代表として、住民の希望する政策の実現のために活動することを示している。このことから、日本の地方制度の仕組みを「二元代表制」と呼ぶ（図表1－1）。「二元代表制」は、執政制度のうちの一つである。執政制度とは、行政部門の活動を統括するトップリーダーである執政長官をどのように選出し、立法部門である議会や有権者とどのような関係に置くかを定めたルールを指す（建林他2008）。たとえば、議院内閣制や大統領制も執政制度の一類型であり、前者であれば首相が、後者であれば大統領が、政治的決定をも担う執政長官となる。二元代表制においては、首長が執政長官を務める。

　ここで、図表1－1の「地方議会」を「議会」に、「首長」を「大統領」に、そして「住民」を「国民」に読み替えていただきたい。そうすると、諸外国で採用されている「大統領制」を示したものとして捉え直すことが可能である（図表1－2）。アメリカの大統領選挙は間接選挙であり、国民の投じた各票がそのまま大統領候補の票として計算されるわけではないが、それ以外の国の大統領は概ね国民の直接選挙によって選出される。そう考えると、日本が地方制度として採っている二元代表制は、大統領制に近いものとみることができる。

　大統領制に対置されるのが「議院内閣制」である（図表1－3）。これは日本やイギリスが採用している制度であり、国民は自らの代表として議員を選挙し、彼・彼女ら議員が構成する議会において首相が選出される。つまり、議会で形成された多数派が推した人が行政のトップに立つ制度となっている。それゆえ、たとえ国民からの支持率が低くても、首相は議会（日本であれば衆議院）の多数派の信任さえ維持できれば続投できる。これが議院内閣制である。他方、住民の直接選挙がダイレクトに結果に直結する二元代表制においては、現職の首長が住民からの支持を得られなければ、次の選挙で対立候補に票が流れ、敗れることもある。

図表1－3
議院内閣制

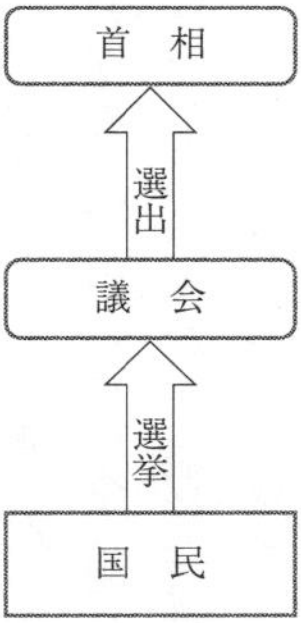

出典：筆者作成

　このように、日本では国レベルと自治体レベルとで異なる制度が採用されており、前述のように国（住）民と執政長官の関係でいえば、二元代表制は議院内閣制よりも大統領制に近い制度であると見なすことができる。議院内閣制においては、多数派の議員は執政長官たる首相を自分たちのなかから選び、与党として政府を擁護する立場に立つ一方で、少数派の野党議員が首相・内閣への監視や政策への批判を行う。しかし大統領制では、議員は政権形成（執政長官選出）の機能は担わず、議案を作成・提出したり賛否を表明することがその主要な任務となる。それゆえ、たとえ大統領と所属党派が同じ議員であっても大統領と政策面で対立することがある（アメリカのトランプ政権における大統領と議会共和党の関係を想起されたい）。

日本の二元代表制においても、各議員は首長とは別個に選出されるため、議案に対する賛否を示す、つまり議決権を行使することがそのもっとも主要な仕事となる。また、制度上、議会全体が首長に対する監視機能を担うことが期待されているともいえる（機関対立主義）。だから、たとえ「与党」議員として首長選挙のときに党派的に支援していたとしても、何かの拍子で掌を返し首長に対して強い態度を示すこともある。たとえば2016年に、舛添要一《いち》東京都知事（当時）が政治資金を私的な宿泊や物品の購入に「流用」していたことが明らかになった際には、その2年前の知事選で舛添を支援した自民党や公明党の都議会議員が知事不信任案へ賛成する意向を固め、舛添は辞職に追い込まれた（もっとも、後述するように、大統領制では議会が大統領を辞めさせることはできないのが一般的である）。

強すぎる首長権限

とはいえ、大統領制と一口にいっても、大統領―議会関係に目を転じれば、実は国ごとにその関係は多様である（Mainwaring and Shugart, 1997）。大統領制の場合、議会が通過させた法案に対して大統領が拒否権（veto）を行使して廃案にすることがある。この拒否権について、国によっては大統領が法案の一部分について拒否権を行使できることもあれば、法案を丸ごと受け入れるか拒否するかの二者択一を迫られることもあるし、そもそも拒否権の行使が認められていない場合もある。また、議会での立法過程を経ずに大統領が国法として大統領令（presidential decree）を発布できる国もある。さらに、予算案に対する議会の修正権を限定している国もある。このように、大統領制には憲法規定上様々なバリエーションがあり、大統領に条文ごとの拒否権行使や大統領令発布権限が認められていたり、議会による予算修正権限が規制されている場合には、大統領の議会に対する制度的権限が強いと見ることができる。この観点からすれば、予算案も法律案も議会に提出することができないアメリカの大統領は、法制度上非常に限定的な権限しか有しないということになる。

日本の二元代表制に議論を戻そう。結論から述べれば、議会に対する首長の権限は非常に強い。首長は、議会による議決に対して異議がある場合には、再議を要求することができる

(地方自治法第176条第1項)。これは大統領制でいうところの拒否権の行使に当たる。議案が再議に付されると、条例の制定・改廃や予算に関する議案の場合には出席議員の3分の2以上の、それ以外の議案の場合には過半数の同意による同一内容の議決がなされないかぎり、当初の議案は廃案となる。例を挙げよう。2014年の大阪府議会では、知事の特別顧問らによる助言等の活動の場を公開するよう求める情報公開条例改正案が自民党議員により提出され賛成多数で可決された。しかし、松井一郎《いちろう》知事(当時)が再議に付し、議会の3分の1以上の議席を有する大阪維新の会所属議員が条例改正に反対して廃案となった。また、1999年4月から2016年3月末までの17年間において市区町村長が自治法第176条第1項に基づく再議権を行使した例は204件あるが、元の議決どおり再議決されたのは69件に過ぎない(宇賀2019)。つまりこれは、議会が議決した議案を、首長が簡単に覆せることを意味する。

また、首長には専決処分が認められている(同法第179条)。専決処分とは、特に緊急を要するために議会を招集する余裕がないときや、議会が議決するべき案件について最終的な決断を下さないまま時間が経過した場合などに、首長が議会に代わって議案を処理することをいう。専決処分を行った後に首長は議会の承認を求める必要があり、条例の制定・改廃や予算に関して首長が行った処置が議会に承認されなかったときには、追加的に必要な措置を講じなければならない。また、２００６年の自治法改正によって、専決処分を行使しうる要件が厳格化され、首長による恣意的な専決処分の実施について裁判所も違法判断を下すようになった。だが、そもそも「議会を招集する時間的余裕がないことが明らか」かどうか、あるいは「議会において議決すべき事件を議決しない」かどうかを判断するのは、首長である。たとえば、いわゆる大阪都構想の是非を問う住民投票実施のための議決が得られていなかった２０１４年７月に、橋下徹大阪市長（当時）は、住民投票実施に向けて専決処分も辞さない姿勢を示し、議会側を牽制《けんせい》していた（『朝日新聞』２０１４年７月２日付）。また、専決処分した内容を議会が承認しなかった場合にとるべき措置についても、首長自身が判断して講ずることになっている。

２０１２年末には、東京都東久留米《ひがしくるめ》市議会が４度否決した一般会計当初予算案を当時の市長が専決処分するという事態も見られた。市長（当時）は、大型ショッピングセンターの誘致や行政改革のあり方などをめぐって２０１０年の就任当初から議会と激しく対立してきたが、膠着《こうちゃく》状態を脱するため、専決処分といういわば「禁じ手」を使ってこの難局を乗り切ろうとしたのである。２０１２年の時点では、自治法上、予算案の専決処分に対して議会が不承認としても首長が追加的な措置を講ずる必要はなかったため、この専決処分された予算については市長側の主張がそのまま反映されることになった。このように、議会の反対をかいくぐって首長が懸案を処理することを可能にする専決処分の制度は、議会の存在意義を低下させるものとなっている可能性がある。

少ない議員提出条例

再議の請求や専決処分以外にも、首長を議会に対して優位な立場に置く制度が存在する。先述したように、予算案を作成し議会に提出する権限は首長にしかなく（同法第112条）、議会による修正についても首長による予算提出の権限を侵さない範囲に限定される（同法第97条第2項）。また、首長には予算案だけでなく条例案の提出権も与えられており、首長提出条例案の数は議員提出条例案の数を大きく圧倒している現状にある。

たとえば、市区レベルにおいて、2017年中に提出された条例案のうち市区長が提出したのは2万4650件であるのに対して、議員が提出したのは687件、議会内の委員会が提出したのが292件である。町村議会でも同様で、同じ時期に議会に提出された条例案のうち提出者が町村長であるのは1万7700件余りである一方、議長・議員となっているのは約330件、委員会提出分を併せても500件に届かない。

もちろん、首長が主体的に条例を制定・改正している例ばかりではない。国の法律改正によって首長部局が既存の条例を改正しなければならないケースも多くある。たとえば、国の税制改正に伴う条例改正がそうである。地方税法改正案は毎年度末に国会を通過するが、このなかには翌年度初日である4月1日、つまりは法案成立数日後に施行するものも含まれる。そのため、この法改正に関連する自治体税条例の改正案を首長部局は突貫で準備しなければならず、議会も招集せずに専決処分を行うことで条例施行を新年度開始に間に合わせるといったことがよくある。

なお、議会制度や議員報酬など議員・議会に関わるものを除いた、市民生活に影響する政策を規定した条例（「政策条例」）を議員提出により策定する動きも見られる。2015年2月26日付「朝日新聞」によれば、それまでの直近の4年間で全国の自治体で437本の政策条例が定められ、その前の4年間より194本増えたとのことである。とはいえ、そのうちもっとも多かったのは地元の酒の消費量を増やすための「乾杯条例」（70本）であり、いじめ防止対策推進条例のような、文言に慎重な検討が必要とされる政策条例が策定されることはそう多くないようである。

首長不信任議決権と議会解散権

一般に、大統領制において大統領は議会を解散することができず、他方で議会も大統領を不信任することはできない。アメリカであれば、大統領は議会との関係にかかわらず最長2

期8年まで連続して在職することができるし、議会も上院であれば6年、下院であれば2年、大統領の意向と関係なく任期を全うできる。大統領が法令違反や犯罪をおかせば弾劾《だんがい》されることもあるが、単に大統領と議会が政治的に不仲であるだけでは、両者の関係が悪化・膠着したまま次にいずれかの選挙が行われるまで状況を打開できない。

だが、日本の二元代表制では、たとえ首長に法令違反等がなかったとしても、議会は不信任を突き付けることができる。議員数の3分の2以上が出席し、その4分の3以上が賛成すれば、首長を不信任することができる。それに対して首長は不信任議決から10日以内にかぎり議会を解散することができる。たとえ議会が解散されたとしても、選挙によって新たに選出された議員で構成される議会において過半数の賛成により再度不信任を議決されれば、首長はもはや議会を解散することはできず、失職することになる（同法第178条、図表1－4）。このように、大統領制においては見られない、首長不信任議決権と首長による議会解散権の行使が認められていることから、日本の二元代表制を、大統領制と議院内閣制の折衷と捉える研究者もいる（曽我2019）。

図表1－4　首長不信任議決後の過程

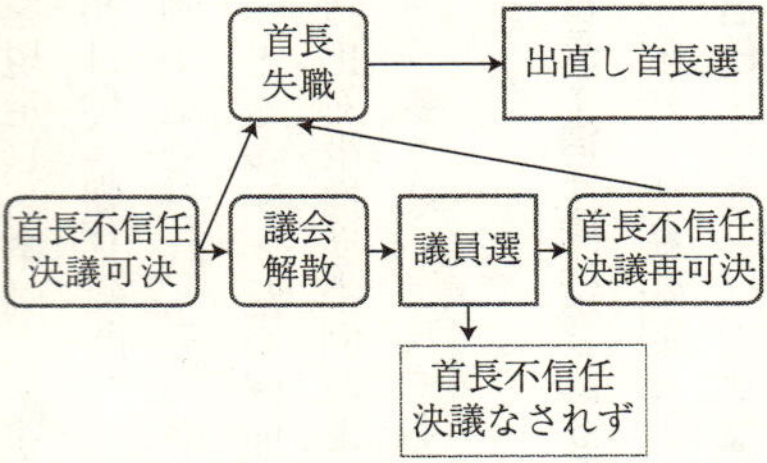

出典：筆者作成

とはいえ、二元代表制においては首長が時期を見計らって議会を解散できるわけではないし、議会も首長との関係が悪化したからといって、そう簡単に不信任議決を行えるわけではない。というのは、議会による不信任議決と首長による議会解散権行使とは裏表の関係にあり、いわば自らの「馘《くび》」を賭ける形になりかねないからである。たとえ議員の再選率が高かったとしても、議会解散後の選挙で自らが再選される保障はどこにもない。そのため、議員としての任期末に、首長不信任を議決する例も見られる（2003年徳島県知事不信任など）。

また、首長が議会解散を選択せず、自ら失職することもある。2002年7月、長野県の田中康夫《やすお》知事は、「県政の停滞」と「財政破綻」を理由に、不信任決議を可決された。賛成44票、反対5票（共産党）の大差であった。田中は県議会を解散せず失職し、9月に行われた同知事選に出馬した。知事不信任案に賛成した各会派は共闘し、田中への対立候補を擁立・支援したが、選挙結果は田中の圧勝に終わり、県議会の3分の2を占めていた最大会派「県政会」は解散した。以後、田中が任期満了時の2006年の選挙で敗れるまで、知事と議会との関係は改善しないままであった。

執行機関に対する監視権や任命同意権

首長に対する不信任議決や首長による議会解散といった事態はそう多く見られるわけでは

ない（2014年度からの4年間で首長不信任議決がなされたのは3市町村のみである）。ふだん議会は、首長部局や教育委員会・選挙管理委員会など各行政委員会といった執行機関に対する監視機能を担っている。

たとえば、議会は首長部局や行政委員会等に対して報告を求め、事務の管理・執行及び出納《すいとう》についての検査を行うことができる（自治法第98条第1項）。さらに、監査委員に対して、自治体の事務執行に対する監査を求めることもできる（同条第2項）。

また、国会の衆参両議院に国政調査権が付与されているのと同様に、地方議会にも調査権が認められている。これは自治法第100条第1項に規定されているため、一般に「百条調査権」と呼ばれる。議会は、自治体の事務に関する調査を行い、調査を行うために必要があると認めるときに関係者の出頭及び証言、さらには記録の提出を求めることができる。もし関係者が、正当な理由がないにもかかわらず出頭を拒んだり記録を提出しない場合には、6ヶ月以下の禁錮《きんこ》または十万円以下の罰金に処せられるし（同条第3項）、虚偽の陳述をした場合にも3ヶ月以上5年以下の禁錮刑を受けることとなる（同第7項）。よって、議会はこの百条調査権を行使して、調査のための委員会を立ち上げ、首長や執行機関職員などを呼び出し、嘘・偽りのない証言を求めることもできる。

近年では、東京都議会で百条調査権が行使された例がある。築地《つきじ》から豊洲《とよす》への市場機能の移転に際し、豊洲市場予定地において盛り土がなされないまま地下空間が設置されていたり、基準値を超えるベンゼンが検出されたことから、２０１７年２月に豊洲市場移転問題に関する調査特別委員会が設置された。同委員会は、３ヶ月以上にわたる調査で、24人の証人に対して尋問を行い、また４２５件の記録を請求し１７４箱の記録を確認した（『豊洲市場移転問題に関する調査報告書』）。そして、この問題における石原慎太郎《しんたろう》元知事の責任が重いとの結論を下すとともに、都議会は同委員会で虚偽の陳述をしたとして濵渦武生《はまうずたけお》元副知事らを告発した（後に濵渦らは不起訴処分）。

このような例があるとはいえ、百条調査権が行使される例はそう多くない。１９９９年４月から２０１６年３月末までの17年間において都道府県レベルで百条調査が行われたのは12件に過ぎない（宇賀２０１９）。またこのうち長野の１件や高知の３件は、議会との関係が決してよくなかった田中康夫・橋本大二郎《だいじろう》両知事の下でのことであり、首長と議会との関係が良好であれば、首長部局を対象とした百条調査は滅多に実施されない。

なお、地方議会は、副知事や副市区町村長、さらには教育委員会委員をはじめとした行政委員会委員などに対する任命同意権をもつ（自治法第１６２条など）。言い換えれば、地方議会の同意がなければ、首長は意中の人物を自らの手許に置いたり委員に就けたりすることができない。議会は人事案件についての生殺与奪を握ることで、首長を牽制できる。新しく当選した首長が最初に否決の憂き目を見るのは副知事・副市区町村長の任命といった人事案件であることが多い。

以上、ここまでの議論において、日本の二元代表制では、首長の議会に対する権限が非常に大きい一方、議会が行使できる権限は限られていることを紹介した。ただ、それでも地方議会の権限そのものは、長期にわたって拡大傾向にある。次節では、地方議会の権限拡大をもたらした事件から紹介することにしよう。

第3節　拡大した議会権限と残る不満

阿久根市政の混乱

地方議会の権限については、基本的に拡大する方向で地方自治法改正がなされてきた。そのなかでも、2012年の改正は大きなものであり、鹿児島県阿久根《あくね》市政の混乱はそのきっかけとなったので、ここで紹介したい。

2008年の阿久根市長選では、元航空自衛官の経歴をもつ前市議竹原信一《しんいち》が前市議会議長や市総務課長経験者を破って当選した。竹原は就任当初から議会と敵対する姿勢をとった。市長選直後の9月定例会では、市長の給与減額案と合わせて議員定数を16から6に減員する条例改正案を提出し、議会はこれを否決した。また、副市長や教育委員会委員を選任する議案を議会は受け入れず、12月定例会でも同じ判断を下した。そこで市長は、この教育委員会委員に就けようとした人物を市職員として採用し、教育総務課長に任ずるとともに教育長の職務を兼務させることにした。

翌2009年2月、議会が否決した人物を教育総務課長に取り立てたことや、ブログで議員の不人気投票を呼びかけて選挙民を侮辱《ぶじょく》したことを理由として、市長不信任案が議会に提出され、出席議員全員の賛成により可決された。竹原は市議会解散の道を選んだが、同年3月の議会改選後に新議員によって構成された議会においても、反市長派が過半数を占めた。同年4月、竹原市長不信任案が賛成11、反対5の過半数によって可決され、竹原は失職した。

竹原は、出直し市長選となった同年5月の市長選に再度出馬し、反市長派の候補を破った。これを承けて議会は、否決されたままだった市長給与削減案や教育委員会委員選任案を可決したが、竹原と議会の対立は収まったわけではなかった。竹原は、市職員全員の給与明細を市ホームページに公開したり、市役所の各部署出入り口に2007年度の職員人件費総額を記した紙を貼り付けて批判を招いていたが、同年7月、この人件費を記した張り紙を外した市職員を懲戒免職処分としたのである。この職員は処分取消を求めて提訴し、議会は市側の裁判費用を盛り込んだ補正予算案を反対多数で否決した。さらに、10月には鹿児島地裁が先の懲戒免職処分の効力停止を決定したにもかかわらず、市が当該職員の復職を認めなかったため、当該職員は未払い分の給与支払いを求めて市を提訴するに至った。12月には、竹原は「高度医療が障害者を生き残らせている」「死は忌むべき事というのは間違い」などと自らのブログに書き込んだため、同月定例会で議会は市長に対する謝罪、問責、法令順守を求める決議を可決した。

2010年、竹原と議会との対立は頂点に達した。3月、鹿児島地裁で懲戒免職処分を停止された職員に対して未払い分給与を支払うよう市に命ずる判決が出たが、市側がこの命令に応じなかったため、地裁は市の債権差し押さえを認め、ようやく当該職員に給与が支払われた。また同月には懲戒免職処分を違法として取り消す判決も出されたが、市はこの職員の復職を認めず控訴した。さらに、3月定例会で竹原が市議会への出席を拒否し、議会が予算案を竹原欠席のまま修正可決したことから、竹原は反市長派市議11人からの議会招集請求に応じない一方で、5月から8月にかけて、職員の期末手当を約3分の1に減額し、市議と市長の賞与もほぼ半分にする条例改正案や複数の補正予算案、市議報酬を日当制とする案、さらには副市長選任案などを、すべて「専決処分」したのである。当時の地方自治法第101条は、市議会の議員定数の4分の1以上の請求によって臨時会の招集を首長に要求することができ、首長はこの請求があってから20日以内に臨時会を招集しなければならないと規定していたが、議長には議会の招集権限が与えられていなかった。また、首長が臨時会を招集しないことに対する罰則もない。そのため、竹原は議会を招集せずに、議員や職員の報酬・給与に関する条例案も副市長選任案も「専決処分」することで、議会に対抗したのである。

8月末、竹原はようやく臨時会を招集し、議会はそれまでになされた専決処分を「不承認」としたが、それまでの専決処分は覆らなかったどころか、議会が可決した、議会を常時開会させるための通年議会を可能とする条例を公布しなかった。反市長派市民団体は、市長解職のための署名集めを開始し、有権者の過半数を上回る有効署名が市選挙管理委員会によって確認され、12月に解職の是非を問う住民投票が行われた。その結果、賛成票が7543票、反対票が7145票と、かろうじて賛成票が反対票を上回り、竹原の市長失職が決まった。竹原は、翌2011年1月の出直し市長選にも出馬したが、今度は反市長派候補が勝利を収め、ここにようやく阿久根市政の混乱にピリオドが打たれたのである。

2012年自治法改正

鹿児島県阿久根市における竹原市政の混乱は、その後の地方自治法改正をもたらすことになった。この市政において問題になったのは、一つは金井（2019）も問題の根源とみる、専決処分の「濫用」であった。そしてもう一つは、議長に議会招集権限が与えられていなかったことであった。そこで、２０１２年の地方自治法改正では、議会制度に関するいくつかの改革が行われた。

専決処分の「濫用」については、その対象から副知事や副市区町村長の選任を外したほか、専決処分を行うための要件を明確化した。そして、先述のとおり、条例または予算に関する専決処分が行われた後に議会において承認されなかった場合に首長が「必要と認める措置を講ずるとともに、その旨を議会に報告」することとした（地方自治法第１７９条）。また、臨時会の招集請求があったにもかかわらず20日以内に首長が臨時会を招集しない場合にかぎり、議長が臨時会を招集できることとした（同第１０１条第5項・第6項）。

さらに、この年の自治法改正により、いわゆる「通年議会」を開くことが可能となった（同１０２条の2）。つまり、それまでであれば限られた日数において定例会・臨時会を年数回開く形とされていたのが、毎年条例で定める日から翌年の当該日の前日までを会期とする通年議会を開会することも可能になった。これにより、「特に緊急を要するため議会を招集する時間的余裕がない」という理由による議案の専決処分を首長に実行させず、先述の地方税法改正に伴う税条例改正案などを議会での審議対象にできるようになったし、災害時に議会を即時に開き緊急に対応することも可能になった。

議会権限の拡大

この2012年の自治法改正とは別に、地方議会の権限は基本的に拡大を続けてきた。たとえば、議会定例会の回数は年4回以内において条例で定める回数とされていたが、2004年の同法改正で自治体が自由に定例会の回数を定めることが可能になった（同102条）。議員定数についても、かつては地方自治法で決められ、各自治体議会の判断でそれよりも少ない議員定数を条例で制定することが可能とされていたが、1999年の同法改正で、自治法が定めた上限数以下であれば自治体が条例において定数を設定できることとされた。さらに2011年の改正では、自治法に定めた議員定数の上限も撤廃され、議員定数の決定は完全に自治体に任されることとなった（同第90条・第91条、第4章第1節で後述）。

議員による議案提出や修正動議の発議については、1999年の同法改正で、その要件が議員定数8分の1以上の賛成または発議から、12分の1以上の賛成または発議へと緩和された（同第112条第2項・第115条の3）。また、法令に反しないかぎり、一部の例外を除くほぼすべての事務について条例制定できるようになり、条例を定めて議会の議決対象とする事項を追加することも可能になった（同第96条第2項）。さらに、2006年の改正により、議会に設置された委員会にも予算案を除く議案提出権が与えられ（同第109条第6項）、学識経験者を招いて事務に関する調査をさせることも可能になったし（同第100条の2）、議員が複数の常任委員会に所属できるようにもなった（同第109条）。そして2012年改正では、議会における公聴会の実施や参考人招致も法定化された（同第115条の2）。

このような議会権限拡大の背景には、1999年に、地方分権一括法と一体での自治法改正がなされて以来、現在まで国から自治体への分権改革が進められていることがある（第5章第1節参照）。議会の権限について、それまでは国によって法定化されていたものを、それぞれの自治体が条例によって自由に定められるようにしてきた。言い換えれば、議会活動についても国による様々な枷《かせ》が外され、議会の自律性に任されることになったのである。

いまなお限定的な権限

このように、この20年ほどの間に自治体議会の権限は飛躍的に拡大されてきたが、それでも議会の権限は限定的であると考えられる。地方自治法第96条に定められた議会の議決権が限定列挙方式によるものと理解されているためである。同条には「議会は、次に掲げる事件を議決しなければならない」とあり、その議決事件として、条例の制定・改廃や予算の議決・決算の認定、契約の締結など15の項目が挙げられているが、これは言い換えれば、ここに記載された15の事項についてしか議会は決定できないということを意味している。

他方、首長の権限については同法第149条に規定があり、「[首長は]、概ね左に掲げる事務を担任する」とされ、ここに挙がった9つの事項以外についても様々な事務処理権限があると考えられている。言い換えれば、首長の権限については概括例示、すなわちあくまでも一例を示したものであり、同条に記載のない事柄であっても、首長は包括的に処理できるものとされている。

たしかに、同法第96条第2項の規定により条例を制定して議決事件を追加することもできるし、そのようにした例は多数ある。宇賀（2019）によれば、2016年現在、都道府県・市区町村合わせて1600件以上の議決事件を追加する条例が制定されたとのことである。とはいえ、たとえば総合計画の策定を議決事件に追加した名古屋市会（横浜、名古屋、京都、大阪、神戸の5市は、1889年以来現在も「市会」の表現を用いている）において、2010年6月に「名古屋市中期戦略ビジョン（案）」を議会側が修正可決したところ、この議決が議会の権限を超えるものであり違法だとして、河村たかし市長が自治法第176条第4項に基づき再議に付す、といったことがあった。市会側は9月に同じ修正案を再議決したものの、市長はこの議決が議会の権限を超えるとして同条第5項に基づき、愛知県知事に審査の申立を10月に行った。県知事はこの市長からの申立を棄却する裁定をしたが、市長が今度は議会を被告として議決の取消を求める訴訟を翌年3月に起こしている。判決は原告・市長側の訴えを棄却したものの、このように議会の判断をめぐって裁判沙汰になる事例も実際には存在しており、自治体によっては、首長・議会それぞれが有する権限を駆使しながら対立する様相が露《あら》わになっているところもある。

＊

本章では、「二元代表制」といわれる日本の地方議会と首長の法制度上の関係について、それをアメリカなどで採用されている大統領制と比較することで、概観してきた。ここでの検討からは、議会に予算提案権がないことや議会事務局に対する人事権も掌握し切れていないこと、そして首長に専決処分の権限が認められていることにより、首長の議会に対する制度上の優位が確立していることを確認した。

では、実際の地方議会での首長と議会とのやりとりはどのような形で行われているのだろうか。そして地方議員は議会外でどのような活動をしているのだろうか。次章では、限られた権限のもと、有権者の声をもとに各議員が首長に対して質問を行い、他方で首長提出議案に賛成することで、議員実績となる成果を引き出していることを示す。

第2章　議員の仕事

前章では、日本の自治体で採用されている二元代表制について検討を行い、議会が首長に対して有する権限が限定的であることを確認した。ではそのような制度の下、各議員はどのような活動を行っているのだろうか。本章では、議会の1年間、そして議会での審議過程を確認し、議員質問の場が議員にとって非常に重要であることを確認する。また、地方議員インタビューから、議会内外での議員活動についても紹介し、片手間ではこなせない議員としての職務を解説する。

第1節　議会の1年間

議会の仕組み

地方議員の任期は4年であり、西暦を4で割って3余る年の4月に行われる統一地方選挙に合わせて議員選挙が行われる場合、道府県議会議員においてはその年の4月30日、市区町村議会議員においては5月1日に、それぞれ議員任期が始まるのが一般的である（ただし、1995年の阪神淡路大震災や2011年の東日本大震災によって議員任期が後ろにずれたこともある）。

前述したように、地方議会については、地方自治法第102条において、定例会もしくは臨時会を開くこととされており、条例によって定例会の回数を定めることとなっている。2004年の自治法改正までは、約50年にわたり、定例会の回数を4回以内とすることが法定されていた。2017年末現在95％以上の市区議会が、そして2018年7月現在約94％の町村議会が定例会年4回制を採用しており、概ね6月・9月・12月・3月を定例会の開会時期としている（図表2‐1参照）。他方で、現在ではいわゆる通年議会を開くことも可能である（同法第102条の2、前章第3節参照）。2017年末現在全国814市区のうち31市区

図表２－１　大阪府八尾市議会の実績（2017年）

定例会臨時会	会期	会期日数	議決議案数	内			
				議会議案	請願	意見書	決議
3月定例会	2月24日～3月24日	29日間	56	0	6	6	0
5月臨時会	5月16日	1日間	17	12	0	0	0
6月定例会	6月12日～7月7日	26日間	14	2	2	0	0
9月定例会	9月5日～10月23日	49日間	31	0	2	0	0
12月定例会	11月30日～12月21日	22日間	58	0	1	0	1

出典：大阪府八尾市議会ホームページ（https://www.city.yao.osaka.jp/0000046687.html）

が通年議会を採用している。

衆参両院に常任委員会・特別委員会があるように、地方議会にも、条例で定めることで、常任委員会・特別委員会・議会運営委員会を設置することができる（自治法第１０９条）。常任委員会は、総務・民生・商工・土木など、一般的には、政策分野ごとに自治体の事務に関する調査を行い、議案等を審査するために常設されているのに対して（図表２－２参照）、特別委員会は、議会の議決によって付議された事件を審査するために臨時に設けられることが多い。たとえば、第４章第１節で検討する、議員定数等調査特別委員会などがこれに当たる。そして議会運営委員会は、議会の運営に関する事項や会議規則、委員会に関する条例等に関する事項、そして議長の諮問に関する事項について審議することになっており、国会でいうところの議院運営委員会に当たる。

図表2－2　大阪府八尾市議会の常任委員会・議会運営委員会の開催日数（2017年）

会議名	開催日数
本会議	21
総務常任委員会	5
建設産業常任委員会	7
文教常任委員会	6
保健福祉常任委員会	4
予算決算常任委員会	31
議会運営委員会	20

出典：図表2－1に同じ

各議員は、常任委員会のうちいずれか少なくとも一つの委員会に所属するが、現在は複数の委員会に所属することもできるため、分野ごとに設定された常任委員会と、予算・決算を審議するために設けられた常任委員会の双方に議員が所属するといった例もある。

そして、議会を仕切るのは議長、各種委員会を仕切るのは委員長である。自治法第１０３条は、議会で議長と副議長を選出しなければならないと規定し、その任期は議員の任期と法定されている。しかしながら、同第１０８条において、正副両議長が議会の同意を得て辞職できる旨が定められているため、各自治体の議会の慣例に従って、在職1年もしくは2年で正副議長が替わる例が非常に多い。市区議会では、８１４市区のうち６４３市区において議長任期に関する申合せや慣例があり、１９８市区が任期1年、４３１市区が同2年としている一方、９２７町村議会のうち５０１議会が法定の4年任期、３６４議会が2年任期、45議会が１年任期などとなっている。

もし、こうした議長任期に関する申合せや慣例が破られるようなことがあると、多くの場合、議会はとたんに混乱に陥って空転し、行政の執行に必要な議決が行われないまま時間が浪費されてしまう。それはたとえば、予定された任期を過ぎても議長を辞職しなかったり、当選回数・年齢順とされてきた正副議長就任の順番が変更されたりした場合に生じやすい。他方で、このように1年ないし2年と決められた任期を議員間で「回す」状況になると、議長として取り仕切ることができる人が能力を発揮できる期間が限られたり、逆にどんな議員でも議長に就けることで議会そのものの存在感が示せなくなるといった問題もある。

年間のサイクル

では、地方議会の年間のサイクルについて、統一地方選挙で改選を迎え、年内に複数回定例会を設けている議会を例にとって紹介しよう。

4月に統一地方選挙で新議員が選出された後、概ね5月に臨時会が開かれる。開会時には正副議長が決まっていないため、最年長の議員が臨時議長となって正副議長選挙を仕切り(自治法第107条)、これにより議長と副議長が選出される。また、各種委員会の正副委員長や委員の割り振りも決められる。この過程は、議長1年交代制を採用している場合には、毎年ほぼ同じ時期に繰り返される。

6月に初めての定例会が開かれ、首長から様々な議案が提出される。このときから実質的に議会と首長とが対峙《たいじ》する。そして、本会議で各会派(後述)の代表質問や一般質問がなされ、委員会審議と討論・採決、そして本会議における委員長報告と討論・採決が行われる。

9月議会では、条例改正案や補正予算案などに加えて、前年度の各種会計の決算認定のための議案が提出されるのが一般的である。各年度の会計決算については、出納閉鎖後3ヶ月以内に決算書が調製され、監査委員の審査を受けたうえで議会に提出されることとなっている（自治法第233条）。このため、首長は9月議会に決算認定議案を提出し、議会では決算特別（もしくは常任）委員会において、集中的に審議する。この委員会の場は、いわば前年度の行財政について議会として見直す重要な機会となっており、この委員会での審議を経て、9月もしくは12月の本会議で認定もしくは不認定の判断を下すこととなる。なお、2017年の自治法改正により、2018年度から、議会が決算議案を不認定とし、首長が必要と認める措置を講じたときには、その内容を議会に報告するとともに、公表しなければならなくなった。

さて、12月議会でも条例改正案や補正予算案、契約に関する議案等が審議・議決されるほか、継続審査となっていた場合には決算認定議案についても議会としての結論が出される。

そして、議会にとってもっとも重要なのが、翌年2月末ないし3月初旬に開会される定例会である。というのも、この定例会では、新年度予算案について審議するためである。議員が3月議会を重要視するのには理由がある。予算提案権をもたない各議員にとっての最大の

図表２－３　大阪府八尾市議会の平成29年３月定例会の実績

月日	会議等
２月24日	本会議（市政運営方針、議案説明）
２月28日	本会議（代表質問）
３月１日	議会運営委員会 本会議（代表質問）
３月２日	本会議（個人質問）
３月３日	本会議（個人質問） 予算決算常任委員会（全体会）
３月６日・７日	文教常任委員会（議案・請願審査、所管事務調査） 予算決算常任委員会（文教分科会）
３月８日・９日	保健福祉常任委員会（議案・請願審査、所管事務調査） 予算決算常任委員会（保健福祉分科会）
３月10日・13日	建設産業常任委員会（議案審査、所管事務調査） 予算決算常任委員会（建設産業分科会）
３月14日・15日	総務常任委員会（議案・請願審査、所管事務調査） 予算決算常任委員会（総務分科会）
３月16日	各派代表者会議
３月17日	予算決算常任委員会（理事会）
３月21日	予算決算常任委員会（全体会）
３月22日	意見書調整会議 幹事長会議
３月23日	議会運営委員会 各派代表者会議
３月24日	本会議（議案・請願採決） 議会だより編集委員会

出典：大阪府八尾市議会ホームページ（https://www.city.yao.osaka.jp/0000042069.html）を一部修正

関心事は、自らの支持基盤となっている地域や組織が求め、それを代表して議員自身が行った予算要求が、予算案のなかに反映されているかどうかだからである。

子育て施策は前年度に比べて充実したか、道路工事費は付いたか、農業振興費は増額されたかなど、予算案の内容は各議員にとって次の選挙で勝つかどうかの死活問題になっているため、その他の定例会が（決算関連議案を審議する９月定例会を除いて）20日ほどの会期であるのに対して、3月定例会は1ヶ月あるいはそれ以上の日程がとられる（図表2−1、2−3参照）。予算案については、執行を開始する、つまり次年度の会計年度が始まるまでにけりを付ける必要があり、3月末までに予算案が議決されることがほとんどであるが、首長与党が多数を占めていない議会においては、会期を延長したり、暫定予算を組んで本予算の議決を4月以降に先延ばしにすることもある。他方で、統一地方選挙で改選を迎える年の議会においては、すべての日程が前倒しされ、3月中旬には閉会して、各議員は約1ヶ月後に迫った議員選挙に向けて散っていくことになる。

次節では、地方議員の首長への態度を勘案しながら、この3月定例会を例に、地方議会過程の実際について紹介しよう。

第2節　議会の見せ場

本節では、前節で触れた議会のルーティンのうち、個々の議員がもっとも目立つ場である議会質問、実質的な審議が行われる委員会、そして法的拘束力をもつ議決に至るまでの過程について、具体例を用いて概観する。だがその前に、議会内に結成される会派と、いわゆる「与党」・「野党」について、簡単に説明しておこう。

会派

2017年末現在、814市区のうち会派制を採用していないのは78市(9・6%)、1会派しか存在しないのは17市(2・1%)であり、残りの9割近くの市区では会派制が導入されており、人口10万人を超えるところでは、1市を除くすべての市区で複数会派が存在している。それに対して町村議会では、2018年7月現在、927町村のうち15・7%に当たる146町村で会派制が採用されているものの、残りの781町村では会派制が採用されていない。

さて、「会派」については、法律上の定義が存在しない。一般に「会派」とは、議員が議会内で活動するための同志的集合体であり、政治信条や政策をともにする複数の議員によって構成されるものと考えられており(尾崎2012)、国会におけるそれと同様に、政党を単位として構成されることが多い。つまり、自民党会派、公明党会派、共産党会派といった会派がそれぞれ設置され、国会と同様に委員会の議員配分の際に按分《あんぶん》の基礎となるほか、所属議員をまとめる組織として「各派代表者会議」といった会議体に代表を送ることになる。基本的には、一つの政党で一つの会派が結成されることが多いものの、都道府県議会レベルでは、議長の座をめぐって、あるいは首長に対するスタンスの違いで、複数の「自民党」を名乗る会派が結成されることも多い（砂原２０１７）。他方で、規模の小さな自治体議会では、会派が「自民党」名を名乗らず、複数の「自民党」議員がそれぞれ別の会派に分かれて行動することもある。また、旧民主党や社民党など異なる政党に所属する議員同士で一つの会派を結成する場合もある。

日本では、国会において会派執行部の方針に従ってすべての所属議員が賛成なら賛成、反対なら反対票を投ずるのが極めて一般的であるように、地方議会においても、会派内で賛否態度が割れることは非常に稀である。これは、法案を通過させるべく野党議員を切り崩す事態が見られるアメリカの大統領制とは大きく異なる点である。言い換えれば、日本の二元代表制においては、もし首長にとって、議会内に味方（「与党」議員）が少ない状態であるならば、とたんに議案通過が困難になることを意味する。

与党と野党

議院内閣制を採用する国では、内閣を成立させるためには、二院制を採用する場合には少なくとも第一院の（一院制を採用する場合には当該院の）なかで過半数を占める勢力をつくり、その勢力が与党となって内閣を支える必要がある。他方、内閣を構成しない、野党と呼ばれる政党は、与党の実施する政策を批判し、次の選挙において多数をとることを目標に、議会の内外で政策のアピールに邁進する。

それに対して大統領制や二元代表制では、議院内閣制における議会と内閣とは違い、支持・協力関係がいつも明瞭になるわけではない。大統領と議員、首長と議員はそれぞれ別個に選出されてくるため、大統領も首長も、当選のために議員の協力を直接必要とするわけではない。たとえ自らを支持する勢力が議会内の過半数を占めていなくても、大統領選もしくは首長選挙において多数得票できれば、その職に着任することになる。このため、就任後の大統領や首長が、自らが通したい議案を通せるかどうかは、支持勢力が議会過半数を占めるかどうかに大きく規定されることになる。この点は、少なくとも第一院の議会過半数と内閣とが一体的・融合的であり、それゆえに内閣提出議案が議会で可決されやすい議院内閣制と、大きく異なる。

このように、大統領制や本書が取り扱う二元代表制において、各議員や会派は議院内閣制ほど執政長官に対して与党／野党的立場を明瞭に示す必要はない。議院内閣制よりも安易に立場を変えることが可能である。政権自体は（不信任案可決などの例外的な場合を除き）、議会全体の態度いかんにかかわらず任期末まで続くため、ときには与党として、ときには野党として、各議員・会派が「是々非々」の立場で臨むといったことが起こりやすい。そして、次章で見るように、都道府県や政令市と比べ、政党化が進んでいない小規模自治体の議会では、どの会派・議員が与党的もしくは野党的立場をとるかは、各会派・議員の発言録（や一部議会で公表されている議案への賛否態度）を確認しないかぎり、理解するのが困難である。

とはいえ、議会が政党化していない場合であっても、与党と野党という区別そのものは厳然として存在するようである。2018年秋には、沖縄県与那国町《よなぐにちょう》議会において、いつまで経っても議長が決まらない「珍事」が起きた。同年9月の町議会議員選挙で10人の議員が選出されたが、町長派（与党議員）と反町長派（野党議員）とが5対5の同数となった。議長は可否同数の場合を除いて議案の採決に加わらないため、議長を出した側が数のうえで1人少なくなり、不利な立場に置かれる。そのため、与党側は野党議員を、野党側は与党議員をそれぞれ議長に推そうとして投票し、それぞれが5票ずつを獲得して、地方自治法の規定に基づき「くじ引き」を行うことで議長を選ぶことになった。ところが、くじ引きで当選した議員が議長職を「辞退」して議長を再選挙するという流れが続いたため、いつまで経っても議長が決まらないという事態になってしまったのである。最終的には、99回目の投票の後、与党側が折れて議長職を引き受けたことで決着した。だが、この間に補正予算案が町長によって専決処分され、町議会はその役割を果たせなかったといわざるをえない。与那国町には当時、教育長人事を除き与野党間に大きな対立案件はなかったとのことだが（「琉球新報」2018年11月1日付）、見方を変えればそれだけ、首長与党・野党のいずれが議会過程の主導権を握れるかが重要であることの現れだったといえよう。

定例会のはじまり

さて、話を戻そう。ここでは大阪府八尾《やお》市の平成29年3月定例会（定例会や臨時会や予算・決算等の議案の名称については、一般に西暦ではなく元号表記が用いられるため、本書もこれにならう）を例に、1定例会のサイクルについて見たい（図表2－4）。自治体の議会は首長が招

図表2－4　議会の主な流れ

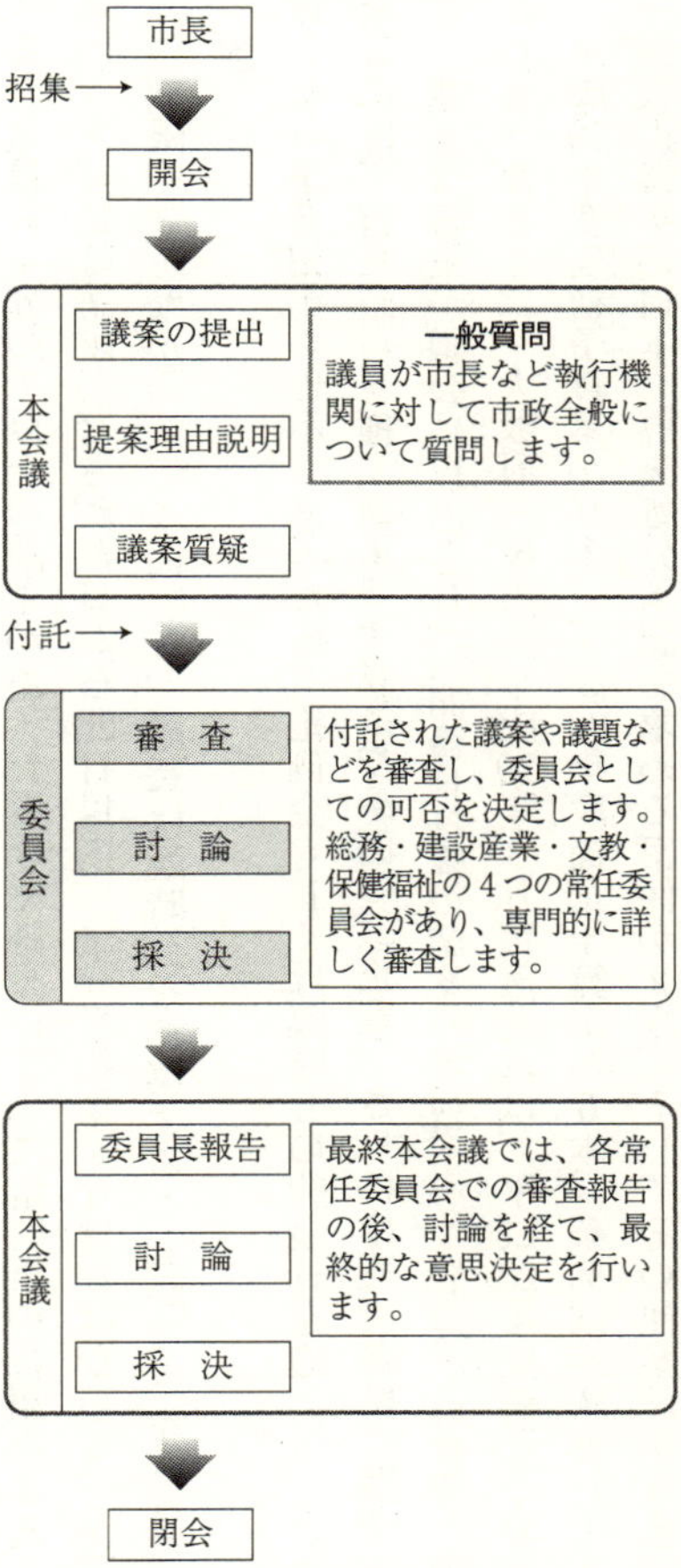

出典：大阪府八尾市議会ホームページ（https://www.city.yao.osaka.jp/0000019031.html）

集する。議員の4分の1以上の請求があったときや議長によって臨時会の招集を求められたときには、首長は請求がなされた日から20日以内に議会を招集しなければならないが、首長がこの期限を守らなかったときに限り、議長は臨時会を招集することができる（自治法第101条）。

首長から議会招集の告示があった後、定例会もしくは臨時会の開会日を迎えることになる。開会日には、首長から各種（補正）予算案や条例の改正案、さらには契約締結に関する議案など、様々な議案が議会に提出され、（開会日以降の議案の追加提出があればその都度）説明が行われる。たとえば、大阪府八尾市の平成29年3月定例会には、平成28年度補正予算案が7本、平成29年度当初予算案が9本、平成29年度補正予算案が6本、条例制定議案が1本、条例一部改正議案が14本、専決処分承認を求める案件が2本、そしてその他案件が5本、それぞれ執行部局から提出された。

代表質問

開会日の次の日からの数日間、休会日が設けられる。この間に各会派で議案内容の検討がなされる。そして再び本会議が再開され、議員が質問を行う日程となる。2017年末現在、814市区のうち777市区が個人質問（一般質問）を、386市区が代表質問を、それぞれ導入している。

会議で発言しようとする議員は、予め発言通告書を議長に対して提出しておく必要がある。たとえばそれが議会での代表・一般質問である場合には、答弁に立つ首長や教育長など政策執行を担う責任者は、その質問内容を把握したうえで、政策の実施状況などについて調査したり各部局と答弁内容の調整を行ったりして、本会議の場に備える。

図表2-5は、このときの代表質問における発言通告一覧（実績）である。これを見ると、登壇議員が各会派を代表する形で、市政運営全般について市長や関係各部局の担当者に問うているのがわかる。市長の政治姿勢、市の財政見通しや行財政改革、今後の人口予測と総合計画・まちづくり、防災・防犯体制の整備状況確認、子育て施策などの福祉政策、産業政策、さらには教育政策など、市におけるありとあらゆる問題が、代表質問で取り上げられる。

「野党」会派の場合でなおかつ首長選挙前もしくは直後のときには、首長の施政方針を批判してヒートアップすることもある。逆に、「与党」会派の場合には、首長選挙が近づいてくると、この代表質問の場で次期首長選挙への対応を問い、それが首長の再選出馬表明の呼び水となることもある。このほか、県政の方針と当該自治体への関わり方、あるいは国政上話題となっている争点（国防や税制など）についての市長の見解など、市政との関係がそれほど明瞭ではない質問もなされることがある。

4）職住近住のにぎわいのある八尾について
5）環境を意識した暮らしやすい八尾について
6）みんなでつくる八尾について
7）市の行財政改革について
2．第5次総合計画について
3．人口ビジョン・総合戦略について

4（市民クラブ）
1．市政運営全般について
1）市長の政治姿勢について
2）健康施策について
3）人口減少社会について
4）保健福祉について
5）人権施策について
6）都市計画について
7）環境施策について
8）未来を担う子どもや若者の施策について
9）教育施策について
10）歳入確保について

5（大阪維新の会）
1．市政全般について
1）人口増加に向けた施策について
(1)市長の施策ビジョンについて
(2)子育て世帯の獲得策について
(3)ガバメントクラウドファンディングについて
2．市長の政治姿勢について
1）特別職の報酬について
2）場当たり的なごみ袋の仕様変更について

出典：八尾市議会ホームページ（https://www.city.yao.osaka.jp/0000038388.html）を一部修正

図表２－５　大阪府八尾市議会の平成29年３月定例会代表質問発言通告一覧

１（自由民主党）
１．市政運営について
　１）市長の政治姿勢について
　２）財政運営と行財政改革の推進について
　３）防災・防犯対策について
　４）都市整備について
　５）健康福祉について
　６）子育て支援について
　７）環境政策について
　８）産業政策について
　９）教育について

２（日本共産党）
１．平和の問題について
　１）「非核・平和宣言都市」としての役割について
　２）市内への自衛隊の機動戦闘車走行について
２．市民生活の実態について
　１）「子どもの生活に関する実態調査」について
　２）アベノミクスの破たんについて
３．府政が本市に及ぼす影響について
　１）府の福祉医療制度の改悪について
　２）「カジノ統合リゾート」について
４．憲法に基づく市政のあり方について
　１）地方自治体の役割について
　２）「市政運営方針」について
５．市の具体的課題について
　１）社会保障制度について
　２）「市認定こども園計画」について
　３）バス路線、出張所、自動交付機、ごみ袋などについて
　４）中核市への移行問題について
　５）教育政策について
　６）地域経済・産業政策について
　７）市立病院のあり方について
　８）住宅政策について
　９）人権・同和行政について

３（公明党）
１．市政運営方針について
　１）誰もが安全で安心して住み続けられる八尾について
　２）子どもや若い世代の未来が広がる八尾について
　３）町の魅力を高め、発信する八尾について

に当然のことながら、執行部側はこれら様々な質問に対する回答を準備しておかなければならないため、「議会対応」には相当の時間が割かれることになる。また、本番、つまり本会議での答弁においても答弁漏れのないようにきっちりと回答する必要がある。

それゆえ、本会議での質疑応答には相当長い時間がかかることになる。実際にそのことを確かめてみよう。最初の自民党議員でいえば、最初の発言において、市長の政治姿勢から教育政策に至るまですべてを発言することになる。これを文字起こししたときの総数は９５０0字近くにのぼる。執行部側はこの発言に含まれた数多《あまた》ある質問それぞれについて回答しなければならないため、市長による1回目の答弁は、1万８０００字余りに膨れ上がっている。さらにこの後、教育長、人事担当部長が回答し、議員が2回目の質問を行って市長がそれに回答し、議員が3回目の質問をし……という形で、質疑応答が続けられるため、相当な時間が1人の議員の代表質問と執行部側の応答のやりとりにかけられることになる。結果として、朝10時に始まった自民党議員による代表質問と執行部局の回答がすべて終わったのは、昼の0時半頃であった。総質問時間が50分に限られているにもかかわらず、である。

このような状況であるから、もし発言通告書にない事項が議員質問で急遽《きゅうきょ》採り上げられると、執行部側が答弁できないこともある。そうなると、議会としても、わざわざ時間を割いて議会に出席している執行部側としても、時間を浪費してしまうことになりかねない。地方自治法第121条第2項は、通年議会を採用している自治体において、首長や教育長らに対して議場への出席を求める際、事務執行に支障を来さないよう配慮しなければならないと規定している。議会での質疑応答の時間は、議員にとっても執行部側にとっても、準備にも発言にも相当の時間を要することもあって、たいへん貴重なのである。

一般質問

代表質問が終わると、次に一般質問が行われる。各議員が個別に関心をもったテーマについて質疑をし、首長や各部門の部局長がこれに対して返答し、場合によっては再質問とそれへの執行部側の回答という流れが続く。この質疑応答を通じて、首長部局や教育委員会など政策を執行する側の職員は、その時点での議員の関心事や考えを感じ取ることになる。

図表2-6は、上記と同じ定例会における一般質問項目を並べたものである。登壇者は代表質問より多く、このときの議会ではA～Kの11人が登壇した。代表質問では、会派としての見解を表明したり、首長の考え方を問い質《ただ》したりするのが中心的であるのに対して、一般質問では、具体的な施策についての質問が多く含まれている。特定地域の交通の便や施設整備について尋ねる議員もいれば、市立病院の問題にまつわる項目が並んでいるように、特定のテーマについて集中的に質問する議員もいる。このように、一般質問では、各議員が専門

図表2－6　大阪府八尾市議会の平成29年3月定例会一般質問発言通告一覧

A	1．	観光施策について
	2．	恩智川治水緑地2期工区のスポーツ施設整備について
B	1．	中核市について
	2．	外郭団体について
C	1．	次代を担う子ども・若者施策について
	2．	ごみ袋の見直しについて
D	1．	中核市移行について
	2．	水道事業について
E	1．	市立病院の地域医療における使命について
	2．	市立病院の地域医療における医療サービスの達成度について
	3．	市立病院の患者サービスについて
	4．	市立病院の経営状態について
	5．	市立病院はなぜ独立行政法人にしないのかについて
	6．	人口減少の実態と対策について
F	1．	大学との各種連携について
	2．	少子高齢化対策について
G	1．	より市民に身近な市役所であるためについて
	2．	まちづくり協議会の今後について
H	1．	公共施設マネジメントについて
	2．	人材育成と組織経営について
	3．	地域のまちづくりについて
	4．	公共交通について
I	1．	市政運営方針について
	2．	市民生活の貧困について
	3．	国保料の高騰と都道府県化について
	4．	負担増、給付抑制ありきの介護保険について
J	1．	子どもの権利条約について
	2．	子どもの貧困について
	3．	認定こども園計画について
	4．	学童保育について
K	1．	交通対策について
	2．	認定こども園について
	3．	出張所機能の再編について

出典：図表2－5に同じ、一部修正

とする領域や地盤とする地域の課題を採り上げて、発言する傾向にあるといえる。それゆえ、代表質問に比べれば、首長に対する「与党色」「野党色」が見えづらくなりやすい。

ともあれ、代表質問や一般質問の場は、自治体行財政の今後の方針について確認し、実行される予定の施策に関する問題点を追及する場である。場合によっては、政務活動費を用いた他自治体の調査に基づいて、なぜ我が自治体で同様の政策が導入できないのかといった質問を行うこともある。つまり、議員の質問には、執行部局に「気づき」を促し、他自治体にひけをとらない行政を実施させようとする大きな意義がある。二元代表制を採り、首長の行う施政に対して監視機能を果たすためにも、各議員は緊張感をもって対峙し、もし執行部局の判断に誤りがあれば正し、新しい政策実施の方向へ導くための場にすることが必要である。

議会を「学芸会」にしないために

そのような場にするためにも、議員自らが議会質問を作成して登壇するのが当然のはずであるが、異なる実態が長らく指摘されてきた。2001年には、ある市の職員が議員に依頼されて市議会本会議の質問を代わりに作成していたことが明らかになっているし（「朝日新聞」2001年10月30日付）、2003年には、これとは別の市の市長が市職員による市議会の議員質問の「代筆」を禁ずる意向を表明している（「毎日新聞」2003年7月2日付）。また、ある県議会において、1999年からの4年の任期中に9人の議員が議会質問に立たなかっただけでなく、ほとんどの議会質問を県職員が書いていたと記した新聞記事もある（同2003年3月23日付）。

2017年の時点でも、議会質問を執行部側の職員が書いている実態が明らかにされている。新聞記事によれば、ある都道府県において次のような議員側と執行部局側とのやりとりがなされたという。まず、ある会派を担当する議会事務局の職員が、会派所属議員の一般質問の骨子を伝えるメールを、関係する各執行部局に送る。それを承けて、執行部局側の職員が議員に直接会い、議員自身が質問したいことや問題意識について確認する。そして、その執行部局側の職員が、質問文案と答弁文案を作成し、それを当該議員にメールで返信する。議員はその質問文案・答弁文案の内容を確認し、これに加筆修正を加えて最後にもう一度執行部局側のチェックを依頼したというのである（「朝日新聞」2018年3月31日付）。

たしかに、先述したように、議会質問やそれへの準備に長時間を費やすこともあり、質問と答弁の内容をより充実したものにする必要があるとはいえる。しかしながら、二元代表制の制度的特質から考えれば、本来議員自身が議会質問を十全に作成できる能力をもつべきであるし、そうでないならば議会事務局職員の力を借りるべきであって、少なくとも、執行部局側に質問文案を作成させるべきではないだろう。鳥取県知事を務めた片山善博《よしひろ》が、地元紙のインタビューで「議会が始まる前に、根回しが済んでいて、本番では与党は突っ込んだ質問をせず、執行部も答弁書を読むだけの『学芸会』になっていた」と述べたことが、1999年の県議会で問題視されたが（「毎日新聞」1999年9月23日付）、「学芸会」とならないようにするためにも、議員自身の力量が問われているし、それをサポートする体制が今の日本の地方議会に備わっているかについて考える必要があるのではないだろうか。

また、議員質問の場が執行部局への「要望」の場とならざるをえない側面があることも、ここで指摘しておくべきだろう。前章で述べたように、首長は予算提案権を独占し、条例提案権ももち、専決処分を行える一方、議会自身のもつ権限は限られ、政策の執行に携わるわけでもない。そしてそれは、たとえ与党議員であっても同じである。議院内閣制とは異なり、二元代表制では執行部と与党議員とが一体的でないため、実施したい政策を実行に移すために議員ができるのは、せいぜいのところ議会質問の場で要望として伝えることだけなのである。

砂原（2011）は次のようにいう。首長は、たとえ議会が実現したくなくても自身が実現したい政策を議案として議会に提出できるが、議会が実現したくても首長が実現したくない政策については、そもそも首長が提案しないため、現状維持となりやすい。地方議会は予算を伴う議案を提出できないため、たとえ多数を占める勢力であっても、首長による新しい提案（「現状維持点（Status Quo）」からの変化）に対して「NO」を突き付ける（「現状維持点」を動かさない）ことができるに留まり、首長の望まない政策を議会側が提案して「現状維持点」からの変化を起こすことは極めて難しい、と。だからこそ、二元代表制の構造上、各議員が議決の場で各種議案に賛成するかわりに、執行部局にはそれぞれ要望する政策を実施してもらうという構図が、成り立っているといえよう。

委員会審議

一般質問が終わると、当該議会に提出された条例改正案や予算案等が常任委員会に付託され、論戦の場は委員会に移る。国会において、本会議ではなく予算委員会の方がテレビで放映され、各委員と閣僚が丁々発止の議論をやりとりしているのを確認できるのと同様に、地方議会においても議案の内容について詳細な審議を行うのは本会議ではなく委員会においてである。先述の本会議における代表質問や一般質問では、首長や部長級以上が出席して答弁する一方、この委員会においては課長級職員も入って答弁を行う。

たとえば道路や公園の整備、空き家に関するもの、さらに廃棄物や環境に関するものは、建設産業常任委員会の所管となっており、執行部局からは都市整備部、建築部、水道局、経済環境部からそれぞれ答弁のために部長以下課長級職員が出席している。同様に、医療・福祉、保険に関する議案については保健福祉常任委員会が所管し、健康まちづくり部や地域福祉部の職員が委員からの質問に答える形となっている。

議案のなかには、法律改正などのように国の制度変更によって既存の条例を改正する必要に迫られたものもある。このような議案についても、委員会で審議し、当該自治体における財政状況の確認がなされたり、行政方針との齟齬《そご》が追及されたりする。他方で、その自治体が導入を目指す新規施策に関する議案では、その施策の趣旨が何であるのか、施策の対象となるのは誰でありどれほどの人数になるのか、さらには実施にかかる財政負担がどれほどであり、どれほどのスタッフが当該職務に当たるのかなど、こちらについても施策の実施や運用に当たって懸念される事態を少しでも減らすための質疑応答がなされる。

このほか委員会では、請願の審査もなされる。請願とは、住民が議員の紹介を得て自治体に対する要望や意見を述べることをいい（自治法第124条）、議会は委員会での審議を経て本会議で自治体として採択するかどうかを議決する（なお、「請願」とは別に、紹介議員を必要としない「陳情」を議会で取り扱う場合もある）。このため、当該請願を議会に紹介した議員が、その内容について説明し、少しでも多くの委員の賛同を得ようと努め、それに対する執行部の見解が披瀝《ひれき》され、さらにそれについて現状確認のための質疑が委員からなされる、という順序で請願審査は進む。

そして議案や請願について、委員会としての採決がなされ、委員会としての結論が、この後の本会議で報告される。たしかに、委員会の開催日数としては、図表2－2で示したように、それほど多くないように見えるかもしれない。しかしながら、朝10時頃から休憩時間を挟みつつ夕方6時あるいはそれよりさらに遅い時刻まで、延々と議論を続けるのもざらである。ある議員は財源について質問を投げかけ、また別の議員はサービスを受ける側として持論を展開する。ときには議論が白熱し、執行部局が答弁に窮して休憩を挟み調整を行うこともある。進行役の委員長が委員を制したり諫《いさ》めたりすることもある。このようなやりとりを繰り返しながら、議案にかかる問題点の解消に向けて、議論が煮詰まっていくのである。

討論・採決

委員会での採決が終われば、再び舞台は本会議に戻る。本会議場で、各委員会における議案審議の経過と結果について、委員長から報告がなされ、採決に移る。このとき、首長提出議案や請願だけでなく、議員提出議案や意見書案（自治法第99条に規定があり、自治体の公益に関する事柄について、議会で議決し、国会や関係行政庁に自治体の考えとして提出するもの）といったものも採決される。

採決に臨む前に、予算案や重要議案の場合には、討論がなされることがある。ここでは、代表質問のときと同様に、各会派を代表して、あるいは各議員の見解として、議案への賛否態度が開陳される。ほとんどの場合、与党会派は賛成討論をする一方、反対討論を行うのは野党会派に限られるが、与党会派であっても、反対討論を行って首長提出議案を否決に持ち込むこともある。これは、与党議員であれば内閣提出法案に反対しない議院内閣制では、まず見られない現象である。先述したように、二元代表制においては、議院内閣制とは異なり、首長と与党議員とは一体的ではないのである。

とはいえ、少数「与党」政権でないかぎり、首長提出議案はほぼ間違いなく可決されるといってよい。前章第1節で述べたように、全国の市区町村議会で否決もしくは修正可決された議案は1％に遠く及ばない。これには、議員自らが執行権をもたず、予算案作成権をもたないこと、そして議員が閣僚を兼務する議院内閣制とは異なり自らが執行部局に入ることがないという背景がある。予算は、特に自らが要望したものについては、首長に執行してもらってナンボの世界である。そのためには、多少不満が残っても、予算案を年度内に可決させるべく、多くの議員は賛成することになってしまうのである。

小規模自治体の議会過程とその課題

町村のような小規模自治体においても、基本的に議会過程は変わらない。先述したように、ほとんどの町村議会が会派制を採用していないため、中・大規模自治体にあるような代表質問は行われず、一般質問のみが行われる。

また議員の数も少ないため、それだけ議員質問に要する時間も短い。実際、市区議会における年間平均会期日数と年間平均本会議日数（平成29年中）が88・9日と23・0日であるのに対して、町村議会におけるそれらは（同）42・8日と15・9日である（通年会期制を導入している議会を除く）。

そして議案の数も異なる。議会基本条例を2006年に国内で初めて制定した北海道栗山町議会の平成29年第1回定例会（3月定例会）において議決された議案は、平成28年度補正予算案が9本、平成29年度当初予算案が9本、平成29年度補正予算案が1本、条例一部改正議案が9本、その他案件が3件の、合わせて31件であった。先の大阪府八尾市では44件であったから、同じ3月定例会であっても、議案数に大きな違いがあることがわかる。

さらに、第5章第1節で述べるように、政令市などの大規模自治体ほど、独自の判断で実施できる政策の範囲が広がるため、その分、条例制定のための負荷も重くなる。逆にいえば、町村議会においては、議員の数も限られており付議案件の数も少ないがゆえに、議会審議の日数も短いといえる。町村議会における審議の必要性が、大規模自治体の議会ほど大きくないことを意味しているのかもしれない。

そしてもう一点、ほとんどの町村議会で会派制を採用していないことを、改めて振り返りたい。先述のとおり、会派制が採用されていれば、多くの場合、政党を軸として会派が結成される。政党の公約なりマニフェストなりが明らかであるならば、なぜその会派あるいは会派所属議員がそのような質問を行い、各議案に対する賛否態度をとったかについて、ある程度、予測も納得もできるものとなる。しかし無所属議員が大多数を占める小規模自治体の議会においては、各議員がどのような考えをもちどのような賛否を示したかを把握することは、つぶさに議会観察をしていないかぎり困難である。また、日々忙しく生活を送る人が全議員の行動をチェックする時間を割くことは実際には不可能である。そのため、結局のところ、有権者が議員を判断する基準は、議員の政策というよりは、議員の出身地域に帰着してしまう可能性が高い。言い換えれば、有権者は、地域的な近さだけを頼りに投票を行い、その後の当該議員の政策志向や議案への賛否態度については特に関心を示さないまま、また次の選挙を迎えるということにもなりやすい。

第3節　「24時間365日議員」

前節までで、地方議会での議員活動を概観し、首長に対して質問を行い予算案等の議案に反映してもらうことによって、望む政策の実現を目指す議員の姿を確認した。本節では、ある市議会議員へのインタビューから、議会内だけでなく議会外の議員活動も明らかにすることで、議員が有権者の期待に応えようとしている様子を見ることにしよう。

公明党市議会議員

筆者は、2018年5月29日に公明党市議会議員に対するインタビューを行った。公明党市議会議員を選んだ理由には次の点がある。第1に、市議会議員は町村議会議員とともに、住民にもっとも身近な存在だからである。第2に、公明党所属議員は、次章第1節で述べるように、政党に所属する市議会議員のなかではもっとも数が多い。第3に、公明党は議会運営においても鍵を握ることが多い。そして第4に、公明党地方議員の活動実態について中立的に述べたものが、管見のかぎりほぼ存在しないことである。ここでの議論は資料としても貴重な価値をもつことになるだろう。

内容に入る前に、この議員について簡単に紹介しておこう。30歳のときに起業して設計事務所を営んでいたが、2006年に、人口約8万人の市の市議として初当選を果たし、以降再選を重ね、2019年現在4期目である（インタビュー当時は3期目）。12年余りの在職中、2期目には副議長や議会改革検討委員会委員長を、3期目には議長をそれぞれ経験している。

以下、本節では、この議員の視点から議員活動の実態を叙述する。

入党そして議員へ

地元の高校を卒業後、結婚した妻に誘われて創価学会に入会した。議員になる前は、信心活動で集まったり、啓発をしたりというのが主であったが、地元選出衆議院議員の選挙において、車の警備や誘導係として関わっているうちに、その人の考えや人柄に強く惹《ひ》かれた。そして、生活者の目線からすればこのような人にこそ国会議員になってほしいと思ったし、そのような議員を輩出できるのは公明党しかないと考えた。

また、自分の住む市では人口流出や少子高齢化等といった問題があり、ハード・ソフト両面の福祉施策にその原因があると考えていた。自分自身、設計事務所を経営していたこともあり、議員になることなど全く想定していなかったが、公明党から声がかかり、市議会議員に出馬することになった。

自分の知るかぎり、公明党議員のなかで、自分自身から議員になりたいと申し出て議員になった人はいない。もともと、公明党の人選において「出たい人より出したい人」という考え方があり、地方議員は党の県本部役員、国会は党本部役員がそれぞれ、候補を人選しているようだ。ともあれ、公明党では、いったん議員になると、政教分離の原則もあって創価学会の活動からは切り離され、立党精神である「大衆とともに」という考えに基づいて議員活動・政党活動に専念することになった。

議員としての日常

特別なことがないかぎり、毎朝6時半頃に起床し、8時までには市役所へ向かう。そして必要に応じて、市役所内の関係部署に出向く。たとえば介護関係についての相談が市民からあったときには福祉関係部署へ問い合わせに行くし、国の予算案が見えたときには自身が要望していたものが含まれているかどうかを確認に向かう。もちろん、関係部署に電話で尋ねることもできるが、そうすると議員控室に部長・室長・担当者の3人が一緒になって説明に来てしまうため、自ら担当部署に行くようにしている。他の議員もやはり状況確認のために市役所内のそれぞれの部署に出向いており、朝、同じ部署で複数の議員が鉢合わせすることもよくある。

議会開会中に本会議や委員会に出席しなければならないだけでなく、閉会中であっても、常任委員会や特別委員会の閉会中審査や委員会としての視察、全員協議会（市政の重要課題について全議員で協議する会議）など、頻繁に議員としての公務が入る。また、議会開会に向けての質問準備や打ち合わせも随時行っているため、何がしかの公務やそれに準じた業務が入っている日が、土日を合わせ全体の半数近くを占めている。また、土日については必ずといってよいほど案内をいただいた行事に参加している。商工会議所や土地改良区等の総会、市主催の祭り、教育関係の行事、さらには地区での野球大会などがそうである。（議員自身でなく）議会に案内が来たときには、この行事は「準公務」と位置づけられ、議員全体に出席が促されることになる。このように案内が多数送られるのはおそらく、市や地区の行っている事業等に対して議員の理解をとりつけるためであろうが、こちらとしては相手方に気を遣わせたくないので、できるだけ来賓としての扱いを避けるようお願いしている。

もちろん、公務やそれに準じた業務がないときであっても、市民相談（後述）に応じたり、昼間しかできない市役所内関係部署への問い合わせを行ったりしている。土日でないと市民相談に来られない人も多いし、夜間には企業や団体との意見交換を行ったり相談に乗ったりもしている。多くの場合、帰宅後に調べごとや書類づくりをすることになるため、就寝はだいたい深夜1時から2時頃になる。

議員になってからこのような生活を送ってきたため、1日中体が空くことはほとんどないし、議員になる前に行っていた設計事務所の仕事は一切できなくなった。また、2000年に施行された地方分権一括法（第5章第1節で詳述）によって、それまで国や県が行ってきた多くの行政サービスを基礎自治体の責任で行うことになったため、基礎自治体の議会で条例化する内容が格段に増し、それだけ市議会議員としての仕事は重くなったと考えている。

市民相談

議員にとって重要な活動とは、市民からの相談を受けてその解決のために動くことである。議員に初当選した頃は、自分の子どものPTAでのつながりを通じた、学校・子育て関係の相談が多かった。現在では、創価学会会員からの相談が半数弱、地元の友人や市民活動を行っている人からの相談が半数強ぐらいの割合である。多いときには日に3件以上伺う。市民相談を行う場所は、議員控室か、もしくは相談をしてきた市民が指定したところである。

これまで受けてきた相談は、ご近所トラブルから行政サービスを受けるための手続きまで多岐にわたる。出産に関わる医療的・行政的なことや子育て支援・保育に関すること、小中学校や放課後児童クラブのこと、さらには高校・大学の教育機関やその通学に関することなど、育児・学校関係が多い。また、病気・怪我等の医療関係やそれに伴う障害者福祉、指定・指定外に関わりなく難病に関すること、介護・高齢福祉関係、葬儀に関わることなど、福祉に関する相談も頻繁にされる。このほか、結婚・離婚・相続・転居・成年後見人といったものや、就労・職場環境・債務整理・破産手続き・保険や税に関することなど、ありとあらゆる種類の相談をこれまでに受けてきた。

もちろん、相談をもちかけてくるのは一般市民に限らない。企業や団体からも、融資や補助金に関する相談、制度の改正や制定に関わるもの、さらには企業誘致や従業員確保に関する相談もされたことがある。以下、中小企業経営者から寄せられた具体例について話してみよう。

今（インタビュー時）から約5年前、国は中小企業支援策として、設備整備や運転資金に対する融資や先端産業への助成を行うことになり、その企業も応募しようと思ったが一筋縄ではいかなかった。中小企業者にとっては、時間がかかる手続きに経営者も含めた人手がとられてしまうと、生産活動にも悪影響が及ぶため、なんとか迅速な申請・審査手続きができないかという相談であった。そこで自らこの施策について調べてみると、受付窓口は商工会議所であるが、実施主体は県であり、商工会議所用・県用・銀行用などと、同じような書類を5枚以上提出しなければならないことや、それに応じて決算関係書類や所得証明書など同じ書類を複数枚用意しなければならないことなどが判明した。そこで、この手続きを簡素化するために、施策導入に関係した国会議員にこの問題を伝えた結果、現在では申請書類を3枚程度に抑えることができた。また、商工会議所にも協力を仰いで申請時の書類作成を手伝ってもらうことにしたほか、市においても地元住民の雇用促進や後継者の育成、商工会議所への加入促進を謳《うた》った条例の策定につなげた。ほかにも議員提案の条例として、食育条例や乾杯条例、ものづくり条例やお菓子でおもてなし条例を制定し、そのなかで地元中小零細産業を応援する内容を盛り込むこともできた。

とはいえ、市民相談を受けたうえでの議員活動が結果を生むかどうかは内容次第である。国や県の権限に関するものについては、国会議員や県議会議員に即電話して伝えるようにしている。市の権限で処理できることや、市の組織改革やゼロ予算でできることについてはすぐに行政に反映させることができると考えているが、予算措置が必要な事案については正直なところ厳しい。生活困窮者対策、障害者福祉や介護関係などがそうであり、市の財政状況と実施可能性の関係を市民にご理解いただくのは容易ではない。

地方議員としての政党活動

地方議員としての活動は、議会活動や市民相談に限定されない。政党の一員としても、地方の声を中央に届けるべく行動する。先述したように、市レベルで解決できない問題が市民相談でもちかけられたときには県議会議員や国会議員に連絡するし、公明党県本部においても議論を行う。県本部のなかには、党本部と同様に、女性局、青年局、議会局、政策局、市民活動局などが置かれており、それぞれの局において、各自治体での課題を洗い出して精査する作業を行っている。当然のことながら、国レベルで決めたことを自治体レベルに落とし込んでもうまくいかないこともある。そのようなところから見えてきた課題を、県本部の議員懇談会や、県選出国会議員や県議会議員、市町議会議員の参加する議員協議会で議論して、国レベルへの要望をとりまとめるという手続きをとる。

県本部での活動には、ほかにも党県本部大会など各種会議への出席がある。公明党県本部大会は2年に1回開かれることになっていて、人事案や党県本部としての方針案、会計報告等がなされ、それらに対する議決を行っている。県本部役員の任期も2年である。これとは別に、県本部の総会が年1回、協議会が月1回以上開催されており、そこで県内他市町の公明党議員と情報交換を行うようにしている。

国政選挙があるときには、県本部に出向く回数が増える。国会議員（候補）や当該議員の後援会だけでは選挙運動がままならないため、土地勘のある地方議員も参加し、街頭活動の段取りや場所決めなどの打ち合わせを県本部で行う。そして、地方議員も街頭に立って選挙運動の補助を行う。

議員の引退を決めるのも党の県本部である。党本部の方針として人口10万人以上の自治体においては「6期もしくは69歳まで」という規定があるが、自治体ごとに議員報酬や後継者がいるかどうかといった状況は大きく異なるため、臨機応変に対応しているようである。

このように、県本部で活動することも頻繁にあり、党所属地方議員にとって、一見すると党本部からの拘束が強いようにも見えるが、市議会での議決に際して党本部や県本部から議決内容の強要や指示があったことは一切ない。先にも述べたように、党本部は、地方に大きく影響する国の政策を決めるうえで、地方議員から意見聴取を行っているし、県本部においては、局や協議会・勉強会等で各基礎自治体の置かれている状況を確認し合っているため、市議会レベルで党本部や県本部の方針と異なる議決に至ることはないと考えている。

議長職

初めて議席を得てから11年目に議長に就いた。議長になってわかったことは、他の議員よりも早く多くの情報が回ってくることである。議長になる前は、一個人の議員の立場で、住民の方々に対し、より多くの意見を求め、自身の意見を伝え、ご理解いただくよう努力していた。しかし、議長に就いたときには、議会運営において中立の立場に徹する責務から、行政の立場、住民団体の方々の立場、一住民の立場、それぞれの立場から物事を考え、もっともバランスのよい結論を導く方法を模索するようになった。逆に、確信ある自身の結論があったとしても、一議員のときに比べれば、言動にも注意がより必要で、誤解されないように話す必要に追われたのがたいへんであった。

また、議長在職中には、多くの市民から議会に対する苦情を耳にしたが、その多くは議員の議会外での私生活に関することであった。当該議員に注意したが、聞き入れられないことがほとんどで、議長としていかんともしえなかったことは、議長を辞した今になっても忸怩《じくじ》たる思いだ。

二元代表制をどう見るか

そもそも、平日は常に業務に当たっている行政と、議会公務があるとはいえ時間的な拘束がそれほど厳しくない議会とは、対等ではありえない。市長が、市行政のトップでありかつ市民のリーダーとして単独でリーダーシップを発揮し、住民福祉の向上を図るのに対し、各議員がより多くの住民意見を汲《く》み取ることで、議会としての機能を発揮し、市民の代表として合議のうえで判断を下すこと、そして行政を監視することが大切だと考えている。

すなわち、議会としては、自治体行政の事務執行に支障を来さないように配慮し、市長はじめ執行機関に議会への出席を不必要に求めないようにしなければならない。一方で、議員自らが専業化し、1年間すべてを議会開会中とする通年議会を実現し、議員資質の向上や議会活動の活性化を進めるべきだろう。他方で、議会費予算の執行権だけでなく、議会事務局の人事権をも市長が有していることは問題である。市長部局にいる職員が議会事務局に配置換えされて、市長にも議会にも気を遣う形になってしまうような事態は、よいこととは思えない。いっそのこと、予算提案権も議会がもてるようにすべきかもしれない。そのためには、各議員が議案の調査・研究に熱心に取り組むとともに、議員間討議を活発に行い、さらに議会報告会等を行って住民との距離を縮めることで、職責を果たす必要がある。

議員インタビューから見えたこと

本節では、公明党市議会議員へのインタビュー内容を紹介した。ここから見えてきたのは、一つには、開会中の議会活動だけでなく、役所内での問い合わせや市民相談、さらには政党活動に代表される、議会外での仕事の多さである。「24時間365日議員」だからこそ、時間的拘束が比較的少ない条件を活かして、フットワーク軽く行動することができるし、行動すればするほどプライベートの時間がなくなることが、確認できた。そしてもう一つ指摘すべきは、議員としての任務を全うしようとすればするほど、議員専業化が求められるものの、現状の二元代表制から求められる理想的な議会の姿と現状との間にズレがある、ということである。第1章で述べた、「歳費」ではなく「議員報酬」になっているといった、地方議員についての中途半端な位置づけが残存していることを、この議員は強調していた。

たしかに、ここで紹介したのはたった1人の（真面目な）議員の活動に過ぎない。だが、市役所に情報をとりにきた他の議員と鉢合わせするといったやりとりからもわかるように、多くの議員は日々慌ただしく活動している。そして何よりも、議員としてきっちり働こうとすればするほど、その生活を保障できるだけの議員報酬と、議員をサポートする体制、つまりは充実した議会事務局と十分な政務活動費が必要になることが、インタビュー内容から確認できたのではないだろうか。

＊

本章では、地方議会の1年間と1定例会のサイクルを見通し、議決結果を動かすことそのものというよりは、代表質問や一般質問で執行部局の方針や政策を追及することが、各議員にとっての見せ場になっていることを確認した。さらに、議員としての使命を全うしようとすればするほど、金銭や時間を度外視した活動が求められることも、理解できた。

では、どのような人が議員になっているのだろうか。そして、議会の政党化と議会過程とはどのような関係にあるのか。次章では、その内容について紹介しよう。

第3章　議員の選挙——なり手と制度

前章では、自治体における議会過程を概観し、議会が予算編成権も執行権ももたず、議員自身も執行部局に入らないがゆえに、議会質問が議員にとっての見せ場とならざるをえない点を指摘した。他方で、有権者の意見を行政に反映させるために、議員が議会外でも市民相談に応じたりすることで、時間を費やしていることを確認した。では、そのような地方議員になるのは、どのような人なのか。そして、それは議会過程にどのように影響しているのか。これらに答えるのが本章の課題である。

そこでまず、地方議員のなり手について紹介する。続いて地方議員の選挙制度について紹介し、選挙制度と都鄙《とひ》の違いが議会の政党化に違いをもたらしていることを示す。そのうえで、大規模自治体と小規模自治体とで、議会過程にも異なる特徴が現れていることを明らかにする。つまり、政党化が進んでいる大規模自治体では、首長与党・野党の色分けがわかりやすくなるものの、首長与党が多数の場合に議会が「脇役」になりやすく、そうでない場合に「敵役」になりやすいことを確認する。逆に、政党化が進んでいない小規模自治体の議会では、議会過程が有権者に見えにくくなることを指摘する。

第1節　偏る議員のなり手

特別職の地方公務員

地方議員は、特別職の地方公務員という位置づけに当たる。特別職とは、公選されたり選任に議会の同意が必要であったりする職のことを指す。だから、国家公務員の特別職といえば、内閣総理大臣や国務大臣、副大臣や政務官、人事院の人事官、会計検査院の検査官などが該当する。それに対して、地方公務員の特別職に当たるのは、首長や地方議員、監査委員や人事委員会・公平委員会の委員、地方公営企業の管理者などである。これら特別職に当てはまらないその他の職員は一般職と呼ばれ、国家公務員法もしくは地方公務員法の適用を受ける。つまり、一般職の職員は、法に定められた任用や昇任、評価、定年等の人事に関する規定、給与やその他の勤務条件に関する規定、分限と懲戒についての決まり、服務規定その他諸々のルールに従わなければならないことになっている。

特別職は国家公務員法や地方公務員法の適用対象外である。先述したとおり、地方議員も特別職の地方公務員に当たるため、これら人事や服務に関するルールは適用されない。だからこそ、前章第3節で述べたように、議員職には定年もなければ議員活動についての時間的な拘束もなく、地方議員は「24時間365日議員」であり続けるともいえる。逆に、極端な話をすれば、議員活動を全くしていなくても、その任期が始まった日から4年後の任期満了日までは、例外的な状況を除けば、地方議員として議員報酬を受け取り続けることができる。

その例外的な状況とは、その議員が属する議会において除名処分を受けるか（地方自治法第135条）、その議員を選出した自治体の住民によって解職請求もしくは議会の解散請求が行われその要件が満たされるか（同第13条第2項、76条～83条）、地方議会が自主的に解散するか（地方公共団体の議会の解散に関する特例法）、あるいは長期欠席等した議員に対する議員報酬の不支給や減額が議会において議決されるかのいずれかである。つまり、地方議員がその職責を果たすに値するだけの活動を行っているかどうかを判断できるのは、同僚の地方議員やその議員を輩出した住民に限られている。

なり手不足問題

地方議員になるのがどんな人たちなのかを述べる前に、地方議員のなり手不足問題について考えてみたい。

2016年3月の第31次地方制度調査会（日本国憲法の基本理念を十分に具現するよう現行の地方制度に全般的な検討を加えることを目的として、内閣府に設置された調査機関）の答申では、いわゆる「平成の大合併」によって地方議員数そのものも減少している一方で、議会に対する住民の関心が大きく低下し、議員のなり手不足が深刻化していることが指摘された。

これを承けて、「地方議会・議員に関する研究会」をはじめとして、総務省内で多くの研究会が立ち上げられたが（第5章で詳述）、これら研究会で紹介された各種データは、地方議員の現状を知るうえでたいへん重宝であるので、ここでその一部をご紹介したい。図表3-1は、統一地方選挙時における無投票当選者数の割合の推移を示したものである（「地方議会・議員のあり方に関する研究会」参考資料）。

一目瞭然であることに、今から40年ほど前までは、無投票当選者数の割合は概ね10％に届かない水準であったが、30年ぐらい前から最近に至るまでは、都道府県議会議員選挙や町村議会議員選挙において、2割前後の無投票当選者が出てしまっている。また、2019年の統一地方選挙では、定数の約4分の1に当たる1000人近くの町村議会議員が有権者の審

図表3－1　統一地方選挙における改選定数に占める無投票当選者数の割合の推移

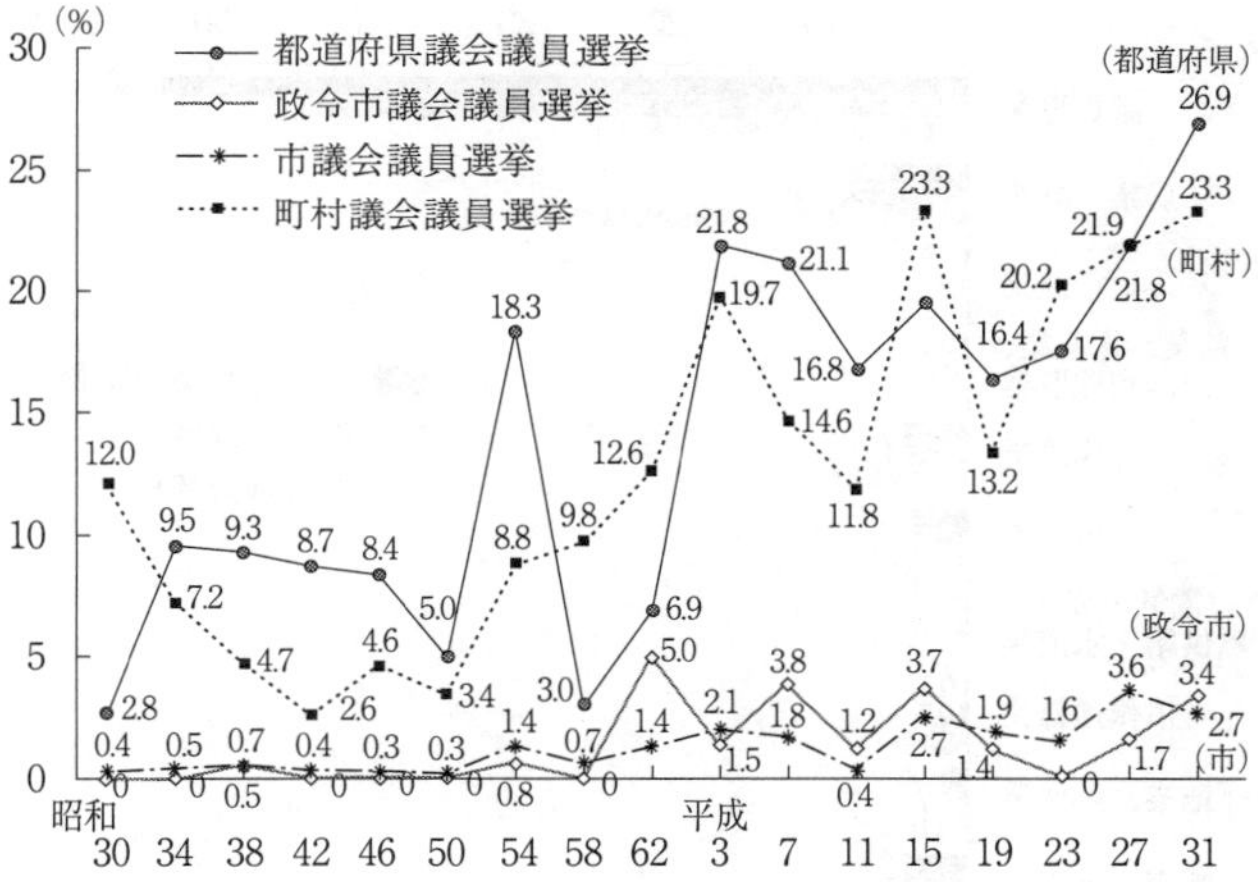

出典：総務省作成

判を受けずに当選したし（「毎日新聞」2019年4月18日社説）、そのうち北海道興部町《おこっぺちょう》、同厚真町《あつまちょう》、同中札内村《なかさつないむら》、同浜中町《はまなかちょう》、長野県辰野町《たつのまち》、同山ノ内《やまのうち》町《まち》、愛知県幸田町《こうたちょう》、熊本県津奈木町《つなぎまち》の8町村では定員割れとなってしまった。地方議員のなり手不足は、ますます深刻化しているのである。

多い「自前」議員

「地方議会・議員に関する研究会」報告書の参考資料から、次は地方議員の職業について見てみよう（図表3－2）。都道府県議会議員では半数以上、市や特別区の議員でも4割以上が議員活動に専念しているが、町村議会議員にお

図表3－2　地方議員の概況（職業別、都道府県議会議員については2015年現在、市区町村議会議員については2016年現在）

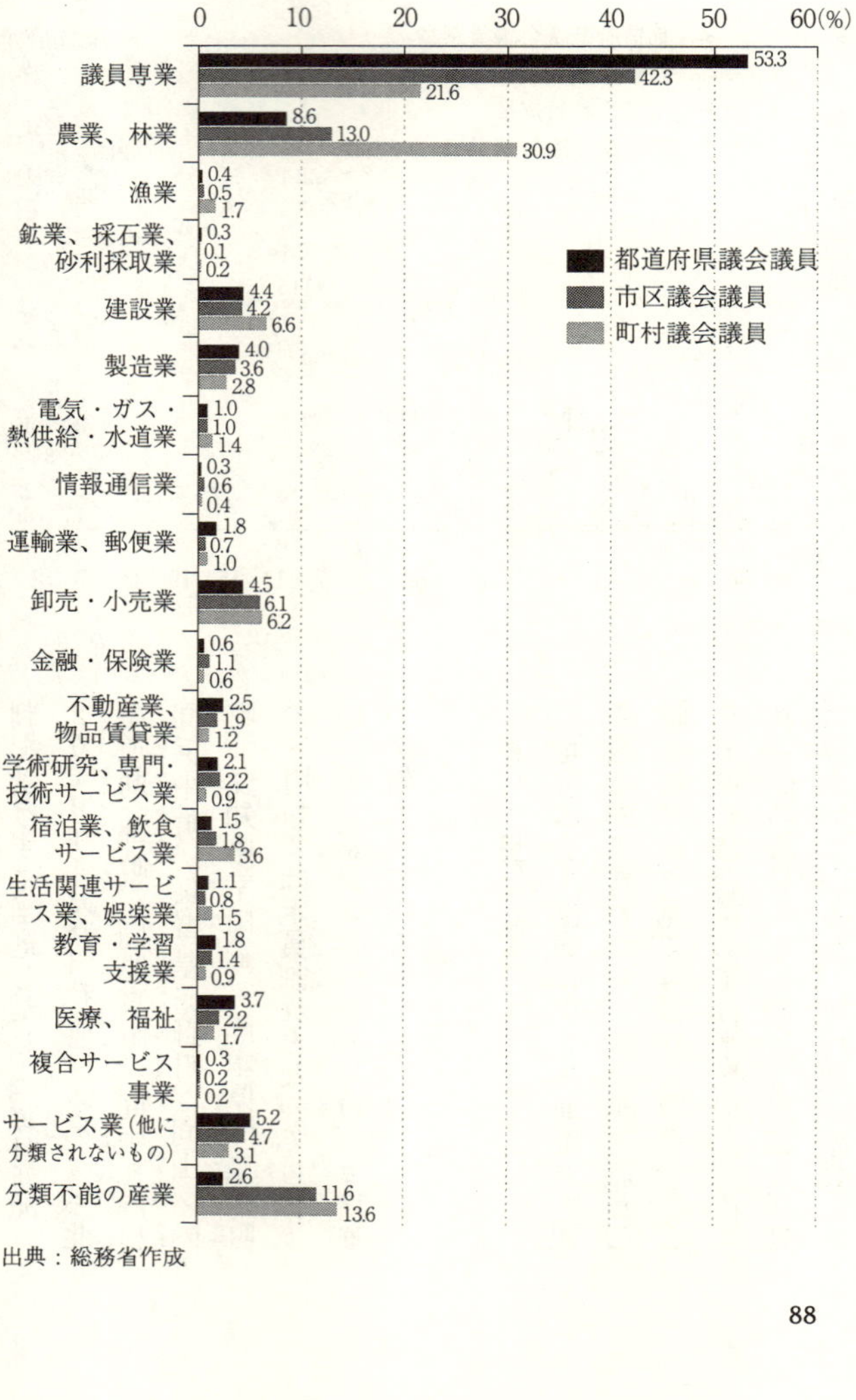

出典：総務省作成

いては議会活動だけで食べているのは2割ほどに過ぎず、残りの8割近くが他に職をもっていることがわかる。町村議会議員について、議員以外の職でもっとも多いのが、「農業・林業」で、町村議員の3割が議員活動の手が空いたときに農業をしているか、農業の片手間に議員活動をしているかのいずれかであるようだ。次いで多いのが建設業従事者であり、卸売・小売業者がこれに続く。議員選挙時の肩書きが「建設会社社長」という候補も少なくない。要するに、三宅（1985）がいうところの、給料生活者や産業労働者など「非自前」と呼ばれる人ではなく、かつて保守政党自民党の支持基盤となってきた、農林水産業者・商工業者など「自前」といわれる職業に就いている人が、町村議会議員を兼ねていることが多い。このように、都市部で議員専業化しやすいことや、「自前」層が地方議員を兼ねる傾向にある状況は、1980年代初頭の地方議員の出自と大差がないといえる（黒田編1984）。

また、このことは、次章で検討するように、議員としての仕事が専門職として果たされるべきか、それとも名誉職として片手間にこなすことができるものなのか、を問いかけている。このデータを見るかぎり、町村議会議員については、名誉職的な位置づけに置かれているといえよう。

過少代表される女性

次に、地方議員の男女比について見てみよう。総務省による「地方公共団体の議会の議員及び長の所属党派別人員調」によれば、2018年12月31日現在、都道府県議会議員2609人のうち女性議員は262人、率にして10・0％に留まる。

市区町村議会議員は2万9839人存在して、このうち女性は13・4％、3997人である。より詳しく見てみよう。東京23区の議会では、873人の議員のうち236人、率にして27・0％が女性であるが、これが市議会になると、1万8057人の議員のうち女性が占めるのは2656人、14・7％に下がり、町村議会においては1万909人の総議員のうち女性は1105人、10・1％でしかない。

この数値は10年前と比較してもあまり変化がない。2008年末時点では、都道府県議会議員、東京23区議会議員、市議会議員、町村議会議員に占める女性の割合はそれぞれ、8・2％、24・9％、12・1％、7・8％であった。いずれの議会においても女性議員の割合が増えたとはいえるが、それでも2ポイントほどの増加に留まっている。

いずれにせよ、2015年の国勢調査で、18歳以上日本人人口の男女比が、男性48・2％に対して女性51・8％であったから、自治体の人口規模が小さくなるほど女性が過少代表されている事態となっている。

図表3－3　女性議員が立候補する理由

1．議員となり課題を解決したいという使命感（88.9%）
2．地方議会に女性の声を反映させるため（79.4%）
3．政党や所属団体、地域等からの要請（72.2%）
4．家族や知人の後継（22.8%）
5．ロールモデルとなる人物に影響を受けて（17.7%）
6．政治塾や模擬議会、政治参画に係るシンポジウム等に参加したことをきっかけに（11.3%）

出典：「政治分野における男女共同参画の推進に向けた地方議会議員に関する調査研究報告書」

では、なぜここまで女性議員が少ないのか。参考になる資料として、2018年3月に内閣府男女共同参画局がまとめた報告書を見てみよう。これによれば、市区議会では2016年末現在で6・3%の議会で女性議員が存在せず、この割合は町村議会では32・1%にも上る。すなわち、町村議会の約3分の1が、男性議員だけで占められている。

さらに、2016年末現在のすべての女性地方議員を対象としたアンケート調査（2017年9月～10月実施、回収率39・6%）からは、次のようなことがわかっている。女性議員は、「議員となり課題を解決したいという使命感」、「地方議会に女性の声を反映させるため」、「政党や所属団体、地域等からの要請」（以上複数回答、以下同様）といった理由から立候補を決意している（図表3－3）。

しかし、いざ議員になろうとすると、あるいは議員になってからも、次のような課題があるという。立候補から選挙期間中の課題としては、「知名度がない」、「自分の力量に自信がもてない」、

「選挙活動の方法が分からない」、「仕事や家事等があり選挙活動にかける時間がない」といった問題がある。議員活動においては、「専門性を高めたり見聞を広めたりするための活動の時間がない」、「議員活動に係る資金が不足している」、「議員活動と家庭生活（子育てや介護等）との両立が難しい」といった問題があるほか、「女性として差別されたりハラスメントを受けたりすることがある」といった回答や「男性議員の理解やサポートが得られない」といった回答もあった。また、一般論として女性議員が少ない理由として、「議員活動と家庭生活（子育てや介護等）との両立が難しい」ことや「家族や周囲の理解を得づらい」こと、「政治は男性が行うものという固定的な考え方が強い」こと、そして「研修や勉強会等の女性候補者を育成するための機会が少ない」ことが挙げられている（図表3－4）。

つまり、ここから読み取れることは次のとおりである。女性議員は、政策目標を実現するために、さらには女性の声を伝えるために、議員になろうとする。しかしながら、ただでさえ「政治」の場に女性が現れることに対しての理解が十分でなく、家事・育児・介護との両立を負う立場に追いやられる。その結果、女性議員の数が現在でも非常に少ないだけでなく、女性の後継者を育てることも難しい状況になっているのである。

図表３－４　女性議員をめぐる課題

立候補から選挙期間中の課題

1．知名度がない（57.5%）
2．自分の力量に自信が持てない（39.7%）
3．選挙活動の方法が分からない（38.4%）
4．仕事や家事等があり選挙活動にかける時間がない（38.1%）
5．仕事を辞めなければならない（30.6%）
6．選挙資金の不足（28.7%）
7．地域の理解やサポートが得られない（23.2%）
8．家族の理解やサポートが得られない（16.5%）
9．政党や後援会のサポートが得られない（8.7%）

現在の議員活動における課題

1．専門性を高めたり見聞を広めたりするための活動の時間がない（59.0%）
2．議員活動に係る資金が不足している（40.1%）
3．議員活動と家庭生活（子育てや介護等）との両立が難しい（35.1%）
4．女性として差別されたりハラスメントを受けたりすることがある（29.6%）
5．専門性を高めたり見聞を広めたりするための手段がない（29.3%）
　自分の力量に自信が持てない（29.3%）
7．男性議員の理解やサポートが得られない（22.8%）
8．地域の理解やサポートが得られない（11.3%）
9．家族の理解やサポートが得られない（10.3%）

（一般論として）女性地方議員が少ない原因として考えられる理由

1．議員活動と家庭生活（子育てや介護等）との両立が難しい（78.6%）
2．家族や周囲の理解を得づらい（73.4%）
3．政治は男性が行うものという固定的な考え方が強い（59.1%）
4．研修や勉強会等の女性候補者を育成するための機会が少ない（48.3%）
5．立候補に必要な資金を調達する負担が大きい（44.0%）
6．選挙制度が女性にとって不利である（18.7%）
7．その他（13.0%）

出典：図表３－３に同じ

図表3－5　地方議員の年齢別概況（都道府県議会議員については2015年現在、市区町村議会議員については2016年現在）

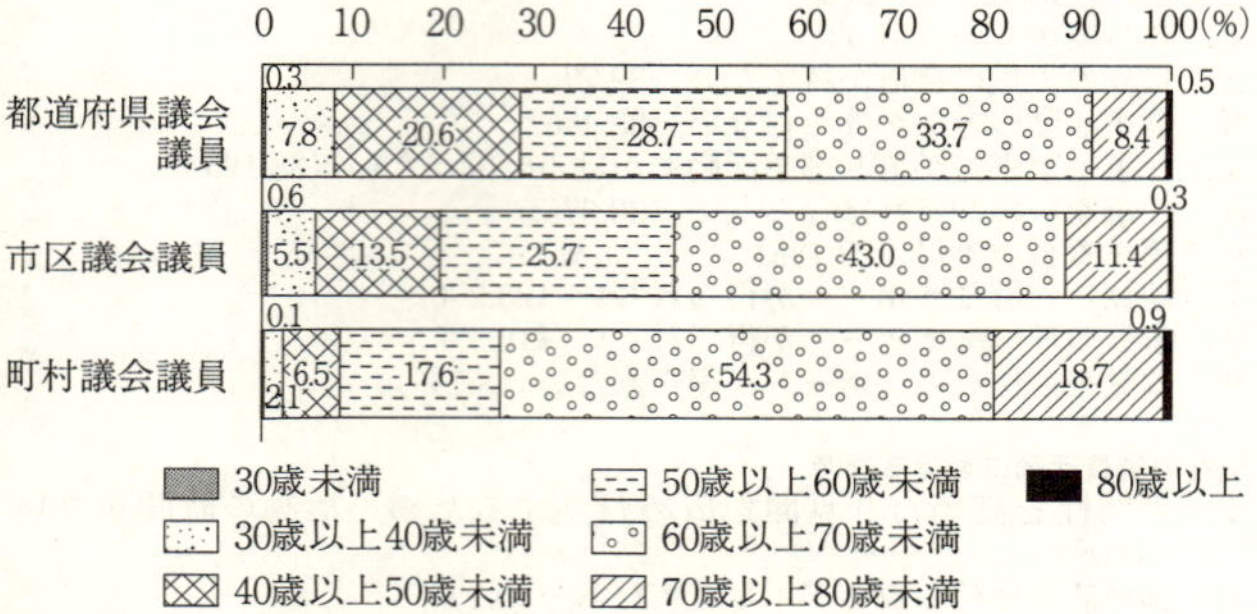

出典：総務省作成

高齢議員への依存

女性議員の後継者づくりが難しいと述べたが、年齢的なバランスはとれているのだろうか。次に地方議員の年齢構成について見てみよう。図表3－5は、「地方議会・議員に関する研究会」報告書の参考資料の一部である。

これを見て目を引くのは、町村議会議員に占める高齢議員の多さである。70歳以上が約5分の1を占めており、60代だけで過半数を占めている。町村議会議員のうち、なんと9割以上が50歳以上である。市区議会ではこの状況は緩和されるものの、それでも議員の半数以上が60歳以上であり、50歳以上の議員だけで8割を占める。都道府県議会では、60歳以上が4割、50歳以上が7割を構成する。

では、特に高齢議員の多い町村議会の状況を、上記データの10年前と比較してみよう（データは各回の『町村議会実態調査』による)。２００６年７月現在、70歳以上の議員は16・７％で、２０１６年時点（19・５％）とそう大きな差はない。しかし、２００６年時点での60代議員・50代議員の占める割合はそれぞれ、40・５％と34・９％であって、２０１６年時点での54・３％と17・６％とは、大きく構成が異なっていたのである。議員の平均年齢も、61・２歳であり、２０１６年時点の63・１歳に比べて２歳ほど若かった。

つまりこのデータは、町村議会においてこの10年間、現職議員の在職年数が延びていることを示している。２００６年時点と２０１６年時点での議員の在職年数を比べてみよう。在職20年以内の議員の占める割合は、前者では89・９％だったのに対して後者では87・４％に下がっている。他方で、20年以上40年未満の議員の割合は、この10年で９・９％から12・２％に伸び、在職40年を超える議員は、０・２％から０・４％へと倍増している。

たしかに、日本では急速な少子高齢化によって人口ピラミッドも歪《いびつ》な形になっている。また、地方議員の被選挙権は、現時点では満25歳以上にならないと得られない。それでも、２０１５年の国勢調査によれば、18歳以上の有権者のうち、70歳以上は22・７％、60代は17・２％、50代は14・６％である。一方で、40代以下では45・６％の人口がいる。にもかかわらず、都道府県では３割弱、市区議会では２割弱、町村議会では１割弱しか40代以下議員が存在しない。特に町村議会においては、若い世代を直接代表する議員がほとんど存在せず、この10年をとっても議員全体が高齢化しているのである。

地方議員の党派性

本節の最後に、地方議員の党派性について確認しておこう。国会では、いわゆる55年体制成立以来、自民党が大きな勢力を占め続けてきた。1993年と2009年に一時的に下野したものの、それ以外の時期においては、衆議院で概ね5割から6割の議席率を保持し続けた。参議院では、消費税が争点となった1989年の通常選挙前までは過半数を維持したし、その後は過半数を割って2007年通常選挙以降第2会派に甘んじていたものの、2013年の通常選挙で参議院第1党の立場を取り戻している。いずれにせよ、会派に所属しない議員(無所属議員)は、衆議院で高いときでも5%に達したことはなく、参議院でも多くて10人程度に留まっている。政党に所属しない議員が会派をつくる例はあっても、大多数の国会議員がいずれかの政党に所属しているといってよいだろう。

翻って地方議会について見ると、政党化率はそれほど高くない。図表3－6は、都道府県議会、東京23区議会、市議会、町村議会別に、2017年末現在の議員の所属政党の割合を示したものである。ここからわかるように、都道府県レベルでは、自民党に所属する議員が半数近くを占め、続いて旧民進党が1割強、そして公明党、共産党が5%を超える。無所属

図表３－６　地方議会議員の政党所属状況（2017年12月31日現在）

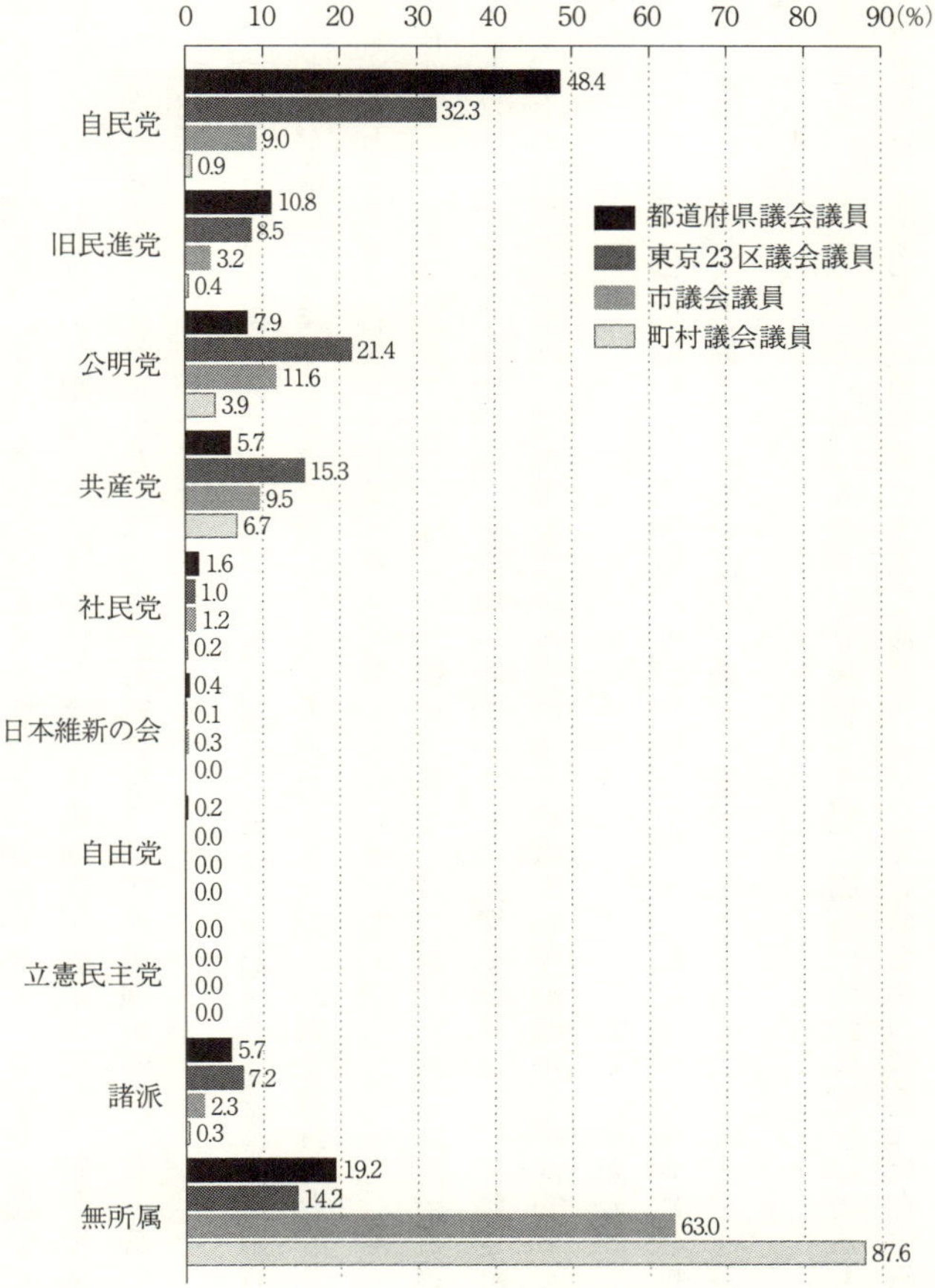

出典：「地方公共団体の議会の議員及び長の所属党派別人員調」より筆者作成

議員の割合は2割程度である。東京23区議会も政党化の程度が高く、自民党所属議員が約3分の1を占め、公明党が2割強、共産党が15%ほど所属議員を抱える一方、無所属議員の割合は14%台に留まる。それに対して市議会や町村議会では無所属議員の割合が非常に高く、市議会で63%、町村議会に至っては9割近くとなっている。

そしてもう一点目に付くのが、これら市町村議会における公明党と共産党の（相対的な）強さである。政党に所属する議員のなかでは、市議会レベルだと公明党議員がもっとも多く、共産党がそれに次ぎ、自民党は第3の勢力に甘んじている。町村議会になると、もっとも多く存在するのが共産党議員であり、次いで公明党である一方、自民党議員は総議員数の1%にも満たない。公明党や共産党は、政党類型のなかでも「大衆組織政党」に分類される政党であり、その特質の一つは、支持者をできるだけ多く党員として組織化し恒常的・安定的な支持を調達できる体制をとっていることにある（森本2010）。これら大衆組織政党が町村レベルでも根を張っている一方、自民党や非自民第1党である旧民進党の場合には地方レベルでの組織化がそれほど進んでいないため、議会の規模が小さくなるにつれて、その存在感も薄らいでいる。

もっとも、このデータの出所は各議員が立候補する際に届け出た所属党派によるものであり、実際には、無所属で議員選挙に出馬しながらも、自民党籍をもつ議員は存在する。全国市議会議長会による「市議会議員の属性に関する調査」によれば、2017年8月現在の自民党所属市区議会議員数は2309人と報告されており、少し時期はずれるものの、図表3-6の元データとなっている総務省「地方公共団体の議会の議員及び長の所属党派別人員調等」（同年末現在）での数値1914人とは400人ほどの差異がある。同様に、町村議会についても、全国町村議会議長会の『町村議会実態調査』（同年7月現在）で報告されている自民党所属議員数は109名であり、総務省調査による95名とは少し開きがある。とはいえ、無所属議員が圧倒的に多いことは紛れもない事実であり、上神（2012）も指摘するように、地方議会議員、特に市町村議会議員選挙における候補者の党派性は非常に弱く、有権者にとって各議員の党派性を識別しにくい状況にあるといえる。

では、このように地方議会における政党化が弱い実態は、過去から続くものなのか。党派化が進んでいる都道府県議会について、経年的な変化を見よう。図表3-7は、議員選挙が統一地方選挙の時期を大きく外れる東京都と沖縄県を除く45道府県の各党議席率（会派単位）の推移を見たものである。この図表からは、55年体制が崩壊する前の1991年までは、自民・社会両党併せて8割前後の議席率を有していたものの、1993年の自民党下野後になると自民党は6割前後に、社民党は1995年以降5%を下回る水準にまで落ち込んでいることがわかる。他方で、旧民主党（民進党）系の勢力は、国政レベルで政権交代を起こし

図表3－7　45道府県議会における各党議席率の推移

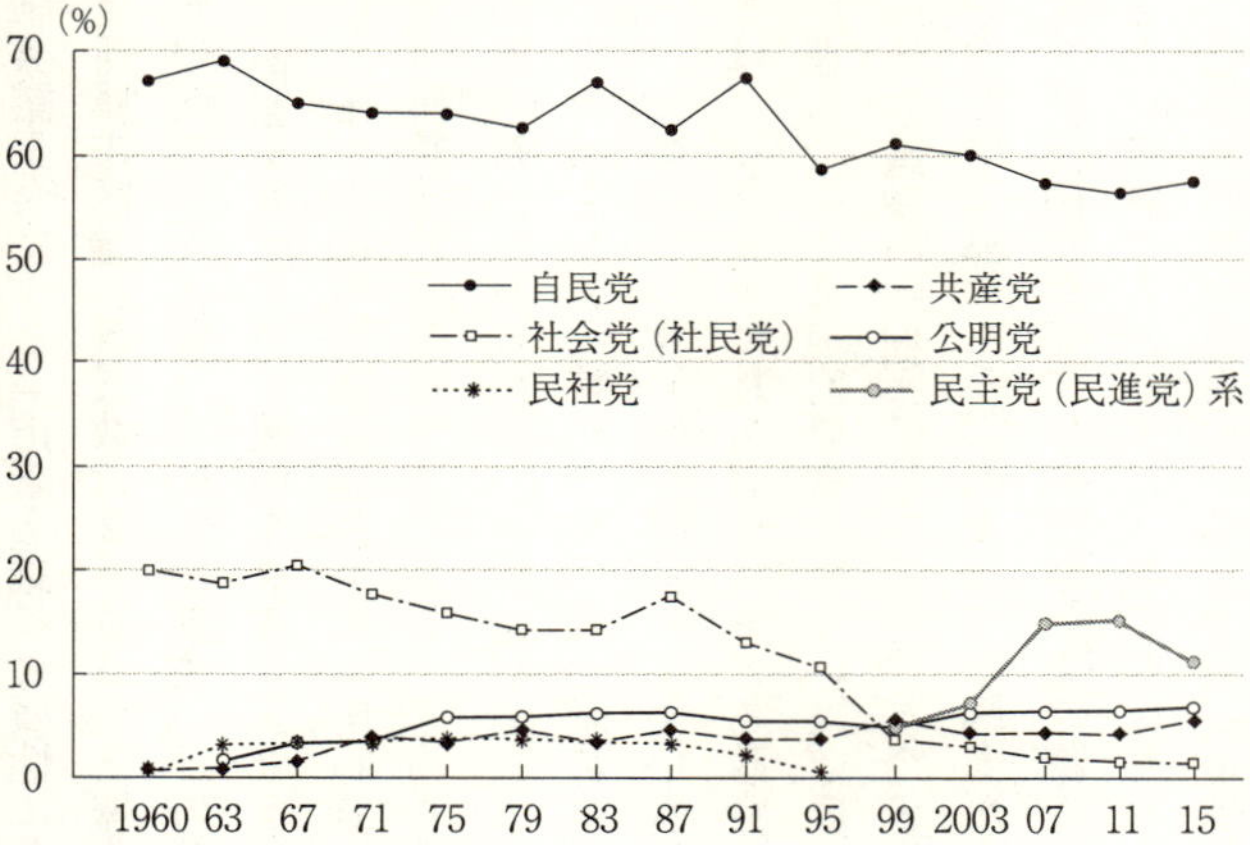

出典：筆者作成

たにもかかわらず、かつての社会党ほどの勢いには及ばないし、そもそも「民主党系会派」（会派名の先頭に「民主」を付けているか、もしくは党名が会派名に付されていなくても民主党の公認によって当選した議員が半数以上を占める場合）であっても相当数の同会派所属議員が、民主党の公認なしに県議選で当選してきている。公明党や共産党は時期に関係なく継続的に5％前後の議席を獲得してきた。つまり、1990年代半ば以降、自民党も勢力を減らす一方で自民党に対抗する政党も伸びず、無所属に流れる地方議員が増えたのである。

まとめると、55年体制期には国政と同様の自民・社会・公明・民社・共産各党が中心となった会派構成が県議会レベルでは見られたが、ポスト55年体制期には公明・共産両党を除く各党の勢力が減退し、非政党系会派に所属する議員の割合が増えた。つまり、都道府県レベルの政党政治と国政レベルの政党政治との乖離《かいり》が大きくなったといえる（辻2015）。

既に論じたように、東京23区議会を除く市町村議会に占める無所属議員の割合は非常に高い。政党を軸として結成される会派が導入されていない議会は、市区議会で9・6％（2017年末時点）、町村議会では84・3％（2018年7月現在）にも上る。政党に所属しないどころか、政党政治に依拠しない形で運営される地方議会が多いのである。なお、規模の小さな自治体で政党化が進展していない傾向があることは、1980年代初頭の地方議会でも確認されており（村松・伊藤1986）、総じて自治体規模と地方議員の専業化・政党化の相関関係はこの40年間ほとんど変化がないといえる。

このように、地方議会における弱い政党化の背景として、地方議員を選出する選挙制度に原因を求める議論が、近年政治学界から指摘されている。そこで、次節では地方議員の選挙制度について概観しよう。

第2節　複雑な選挙制度

選挙制度の混在

選挙制度とは、有権者が自らの代表をどのように選出するかを定めるルールである。有権者の投じた票がどのように集計されて議席へ換算されていくのか、選挙区を設けた場合、それぞれの選挙区から何名の当選者を出すのか、そして国・地方それぞれの選挙がどのタイミングで行われるのかといった点が重要である（建林他２００８）。

まず議席転換方式について見てみよう。大きく多数代表制と比例代表制の二つに分類できる。多数代表制とは、選挙区ごとにあらかじめ定められた議員定数について、得票の多い順に選挙区定数に至るまでの者を当選とする制度である。それに対して比例代表制とは、政党を単位として、各党の得票率に比例した議席を配分する制度である。

多数代表制においては、選挙区定数が重要である。定数が1、つまり一つの選挙区で1人を選ぶ制度を小選挙区制という。それに対して、定数が2以上、つまり一つの選挙区から複数の当選者を出す制度を大選挙区制という。大選挙区制のうち、定数が2ないし7程度となっている選挙制度を、特に中選挙区制と呼び、8ないし10以上の定数をもつ場合には、（狭義の）大選挙区制という。

そしてこれら選挙制度のバリエーションが政党化の様相に違いをもたらす。比例代表制においては、小政党も議席を獲得する機会が増え、多党制の形成が促される。また、多数代表制にあっては、選挙区定数が大きいほど、当選者の所属する政党も多彩になりやすいし、政党に所属しない候補が当選することも多い。それに対して、定数が1の小選挙区においては、二大政党勢力間の議席争いが生じやすい。なぜならば、僅差であっても1位を獲れなかった候補は皆落選してしまうため、1位候補をワースト、2位候補をベター、3位以下の候補をベストと考える有権者は、最悪の結果を避けるために2位候補に投票しようとする動機をもつためである。政党側もこのことを見越して政党間連合を組んだり、場合によっては政党同士が合併をして選挙戦に臨むことになる。つまり、小選挙区制は政党の収斂化《しゅうれんか》をもたらす。

衆議院議員選挙においては、かつて中選挙区制が採用されていた。しかし、1990年代半ばに選挙制度改革が行われ、1996年に執行された総選挙から、小選挙区比例代表並立制に転換した。現在では、有権者は、1人2票をもち、1票は選挙区に出馬している候補者に、もう1票は地域ブロックにおいて候補者リストを提出した政党に、それぞれ投票する仕組みになっている。

衆議院議員の選挙制度が変更されたことは、大きな意味をもった。2003年の衆院選の前には、自由党と民主党が合併したし、近年の小選挙区では、公明党は自民党と、連合を組んで議席争いをしている。結果として、2009年の民主党による政権交代まで衆議院の二党制化が進んだ（的場2012）。たしかにこの10年ほどの間には、民主党や民進党の分裂が生じたものの、衆議院議員選挙の前にはいつも「非自民勢力の結集」が取り沙汰される。

もっとも、参議院においては、政党の集約を促すような選挙制度改革は行われていない。有権者は、基本的に一つの都道府県を単位とした選挙区において1票、そして全国区の比例代表において1票の、合わせて2票を投ずることになっている。ただ、人口の多寡によって、定数が1となる選挙区から、東京都のように6人を一度に選出する選挙区まで、選挙区定数はまちまちである。比例代表においても、2001年の通常選挙から、有権者は各政党が提示したリストに記載されている候補者名を書くこともできるようになった（これを非拘束名簿式比例代表制という）。つまり現状では、人口の比較的少ない県では小選挙区制による二大勢力間対決が促される一方、選挙区定数の大きな都市部や比例代表においては様々な政党が相争う選挙制度となっているのである。

では、自治体レベルで議員はどのような選挙制度の下に選出され、それぞれの選挙でどのような政党間競争の結果が現れているだろうか。実は、日本の地方議員の選挙制度は、非常に複雑である。非都市部の県議会においては、定数が1の選挙区だけでなく定数が複数の選挙区でも自民党がたいへん優勢であり、実質的な政党間競争となっているのは県庁所在市に限定されている。政令市の議員選挙では都道府県議会に比べて平均定数が大きいために多党制が展開されているが、政令市以外の市区町村議会では定数がきわめて大きな大選挙区制となっているため、無所属議員も増加する結果となっている。

都道府県議会議員の選挙制度

２０１３年12月の公職選挙法改正（２０１５年3月施行）により、都道府県議会議員の選挙制度に変更が加えられた。それまでは、議員の選挙区は郡市の区域（政令市の場合には行政区）によるものとし、隣接する郡市と選挙区を合併（合区）するなど例外的な場合に限って条例で定めるものとされていた。それに対して、改正法施行後は、すべての選挙区について条例で定めることとし、選挙区を設定する際には、（１）一つの市の区域、（２）一つの市の区域と隣接する町村の区域を合わせた区域、（３）隣接する町村の区域を合わせた区域のいずれかを基本とすることになった。つまり、かつては「郡」が選挙区設定の単位となっていたのが、町村も含めた基礎自治体に変更されたこと、そして選挙区が法定されていたのが条例によるとされたことが、この改正の要点である。

それゆえ、現在では、市や特別区（政令市の場合には行政区）、そして町村を単位として選挙区が設定される。条例によって各県議会の定数が決定されると、議員1人当たりの人口を計算する。そして、その市もしくは町村を合わせて一つの選挙区とされた地域における人口が、議員1人当たりの人口の半数に届かない場合には、隣接する他の市町村と合区して選挙区が設置され、半数を超える場合にはそのまま一つの選挙区として設定するという原則になっている（公職選挙法第15条）。

各県で異なる選挙区数と選挙区定数

その結果、基本的には基礎自治体の数が県内の選挙区数を左右することになる。統一地方選挙があった２０１５年4月時点で、市が四つしかない鳥取県や市町村数が15ともっとも少なかった富山県では選挙区数が小さくなり、鳥取県で全国最小の9、富山県でも13の選挙区が置かれるに留まる。それに対して、市の数が全国でもっとも多い埼玉県（39）や市町村数が断然多い北海道（１８５）では選挙区の数も多くなる傾向にあり、埼玉県では県内に52の、北海道では47の選挙区が、それぞれ置かれた。なお、選挙区の数が40以上を数えるのは、愛知（55）、大阪（53）、埼玉、神奈川（49）、北海道、千葉（46）、福岡（45）、東京（42）、兵庫（40）の各都道府県であり、都市圏にある自治体に集中している。平均すると、各県23・6の選挙区をもつ計算になる。

図表３－８　都道府県議会の選挙区定数と選挙区の数

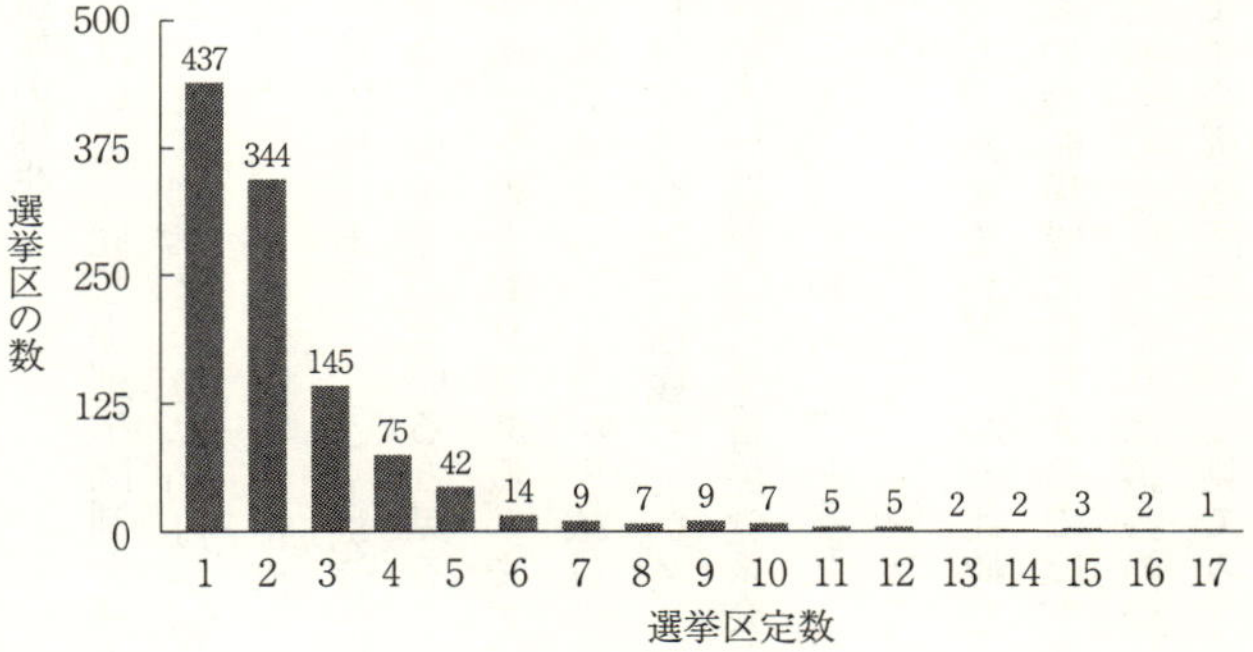

出典：筆者作成

選挙区定数も各県でばらばらである。統一地方選が執行された２０１５年時点で全国１１０９あった選挙区のうち４割近くに当たる４３７選挙区が、定数１の小選挙区制であった。そしてそれは、小規模な市が多い、大阪府、埼玉県、愛知県で目立つ。それに対して、もっとも選挙区定数が大きいのは鹿児島県の鹿児島市・鹿児島郡選挙区で、定数は17である。１人１票しかもたない有権者からすれば、少なくとも16人の当選者については、票を投じなかった人物になる。大選挙区となるのはもっぱら政令市となっていない県庁所在市で（政令市だと原則として行政区単位で選挙区が設定されるため）、石川県金沢市や愛媛県松山市・上浮穴郡で選挙区定数が16、和歌山市や香川県高松市、高知市では選挙区定数が15などとなっている（図表３－８参照）。

選挙の様相

とはいえ、同じ小選挙区制を採用していても、選挙戦の実態は都鄙によって相当に異なる。ここでは、選挙区定数が60以上の13都道府県（北海道・茨城県・埼玉県・千葉県・東京都・神奈川県・静岡県・愛知県・京都府・大阪府・兵庫県・広島県・福岡県、Aグループ）と60未満のその他34県（Bグループ）とを比較してみよう。前者には都市部の都道府県が、後者にはそうでない県が並んでいると見ることができるだろう。

手法は次のとおりである。まず、２０１８年10月現在の全国１１０９の選挙区について、各県議会ホームページから議員の所属会派を調べた。そして、当該選挙区所属議員のすべてが自民党系会派に所属している（他会派に所属する議員がいない）事例の数を調査した（なお、二つ以上に分裂している自民党系会派所属議員によって選挙区が独占されている場合であっても、「自民」という看板をもつかぎり、有権者からは同じ「自民党」議員に見えると判断し、自民独占選挙区として計算した）。そのうえで、これら自民独占選挙区の割合が、AグループとBグループとで異なるかどうかを比較した。なお、選挙戦における候補者の公認政党ではなく、選挙後の会派構成に注目するのは、議会での政治的意思決定に最終的に影響を及ぼすのが、選挙そのものというよりは議会の会派構成だからである。

まず全選挙区について見てみると、自民独占選挙区の割合は43・3％である。このうちA

グループでは36・3％であるのに対して、Bグループだと50・1％であり、やはり非都市圏であるBグループにおいて自民独占選挙区が多い。さらに小選挙区、つまり定数が1である437の選挙区については、自民独占選挙区の割合がAグループだと73・0％、Bグループだと83・8％にものぼる。つまり、Bグループの県では、半数以上の選挙区で自民党系議員しか勝ち残らない形となっており、国政レベルで与野党対決型と呼ばれるような小選挙区制においても自民党候補が他党候補を圧倒する結果となっている。

選挙時には無所属候補として立候補しても、その後自民党会派入りする議員も相当数存在する。その理由の一つとして、自民党会派に所属すると、正副議長職に就任しやすくなるというメリットが考えられる。馬渡（2010）によれば、都道府県議会の場合、当選3ないし4回で副議長、4ないし5回で議長に就任するのが一般的であり、さらにその後には自民党県連の幹事長や会長に就任する道も開けるという。自民党が多数を占める議会が圧倒的に多く、これらの議会では議長・副議長職を自民党所属議員だけで「回す」ことが一般的であるため、多くの無所属議員が自民党会派に吸い寄せられるのである。

過去の県議選の結果を見ても、Bグループに含まれる県を中心に、多くの県では自民党議席率の推移が安定してきた（辻2015）。このことからも、非都市圏の議員選挙については、たとえ政党間競争があったとしても当選するのはほとんどが自民党系という状況が、55年体制成立以降現在に至るまで続いている。

選挙区定数の効果

さらに、選挙区定数の違いも選挙戦を大きく左右する。定数が2である全国344の選挙区のうち自民党が独占している選挙区は116で、率にして33・7%に低下する。定数3以上の328選挙区だと、自民党独占選挙区は全国で7・0%、23に過ぎない。議会外に大きな組織を有する大衆政党である、公明党や共産党が議席を獲得するのは、定数3以上の選挙区にほぼ限定される。定数2以下の選挙区で公明党系会派所属議員が見られるのは、埼玉・東京・神奈川・大阪・兵庫・福岡の各都府県や、政党に所属していない議員と統一会派を組んでいる長野県に限定される。共産党についても、定数が2の選挙区で議席をもっているのは宮城・埼玉・東京・新潟・長野・愛知・京都・奈良・福岡・沖縄の各都府県だけである(小選挙区において共産党会派が議席を占めている例はない)。もっといえば、秋田・富山・石川・福井・山梨・岐阜・香川・愛媛・高知・鹿児島の各県では、大選挙区となっている県庁所在市以外に公明・共産両党の議員は存在しない。これらの県については、自民党が議席を独占している選挙区も多いことから、実質的な政党間競争が定数の大きな県庁所在市に限定されているともいえる。

結局のところ、現在の選挙制度の下では、都道府県議会の議員選挙について、一部都市圏の選挙区や県庁所在地を除き、政党間競争があまり機能しておらず、自民党が圧倒的な強さを誇っている状態にある。また、辻（２０１８）が明らかにしたように、２０１８年3月時点では、旧民進党が分裂して結成された立憲民主党が県議会で単独会派をもつケースは存在せず、たとえ旧民進党から立候補した議員によって結成された会派であっても「民進」の名前を有しない会派名にしている県が26もあった。これでは、どの会派がどの政党の考えにシンパシーを抱いているのかが有権者には見えなくて当然である。言い換えれば、有権者にとって、都道府県レベルで自民党候補に対するオルタナティブ（代替的選択肢）を見出しにくい状態となっている。さらに、後に見るように、多くの非自民政党が首長与党になっていることから、事態はより深刻化している。

政令市議会議員の選挙制度と多党化

では、政令市についてはどうなっているだろうか。政令市は２０１８年時点で20存在し、最多定数は横浜市と大阪市の86、最小は浜松市・岡山市・相模原《さがみはら》市の46である。政令市では行政区ごとに選挙区が設けられており全国で１７５に及ぶが、静岡市や相模原市、岡山市のように3もしくは4行政区しかないところでは大選挙区ばかりとなる一方、24行政区が存在する大阪市では選挙区定数が6以下に限定される。小選挙区は存在せず、選挙区定数の最小は2、最大は岡山市北区の20である。

全国1109選挙区で2687人の県議会議員を選ぶ都道府県とは異なり、175選挙区で総勢1180人の市議会議員を選ぶ政令市では、選挙区定数も随分と大きいものになる。そのため、2018年10月時点で自民党が独占している選挙区は横浜市西区の1区のみである。そして、公明・共産両党のいずれの議員も存在しない選挙区数もたった15しかなく、19の選挙区では公明・共産両党の議員が存在している。政令市では、選挙区定数の大きさも相俟《あいま》って、政党間競争も活発化し、多党化している。

市区町村議会の選挙制度

政令市を除く市区町村では、当該自治体全域を1選挙区として全議員が選出される、大選挙区制が採用されている。有権者は1人1票を有し、候補者のうち1人に票を投ずることになっている。そして、もっとも多くの票を集めた候補者から順に当選者が決まり、議員定数に至るまでが当選し、(議員定数+1)番目に多く得票した候補者以下が落選する仕組みになっている。

そのため、有権者は、議員任期が切り替わる4年に1回、非常に難しい選択を迫られることになる。というのも、多数の候補者がそれぞれ提示している政策メニューを一通り確認し、そのなかからもっとも好ましいと思われるただひとりを選び出す作業が待っているためである。もっとも、町村のように議員定数が1桁の議会であれば、それほど労力はかからないかもしれないが、議員定数が50であるような自治体議会の場合には（2019年現在、東京都の大田区、世田谷区、練馬区や千葉県船橋《ふなばし》市、鹿児島市の各議会がこれに該当する）、有権者は、数限りない情報に触れたうえで、投票すべき議員を見つける必要に迫られる。

投票の決め手

このように、議員定数が大きくなればなるほど、議員選挙のたびに過大な負担が有権者にかかることになる。では、何に基づいて有権者は投票先を決めるだろうか。大選挙区制では、公明党のように自治体内を各地域に分割して支持者に投票先を割り当てる場合を除き、政党のラベルだけで1票を投ずる相手を決めるのは難しい。というのも、たくさんの議員が、たとえば「自民党」公認候補として選挙に挑んでいる場合が多いからである。自民党支持者からすれば、自民党公認候補のなかからさらに目当ての候補者を絞る必要がある。

ここで、読者の方には是非、インターネットにアクセスし、地元議員のホームページのプロフィール欄に飛んでいただきたい。多くの場合、各議員は非常に事細かに個人情報を載せ

図表3－9　選挙制度と政党化の程度

		大選挙区	中選挙区	小選挙区
都道府県議会	都市圏にある都道府県		多党化	自民党が非常に優勢
	非都市圏にある県	多党化（県庁所在市）	自民党が非常に優勢	自民党が圧倒的
政令市議会		多党化＋無所属議員	多党化＋無所属議員	
市区町村議会	都市	多党化＋無所属議員		
	町村	無所属議員が中心	無所属議員が中心	

出典：筆者作成

ていることだろう。出身高校や大学だけでなく、どこの小学校あるいは幼稚園や保育所を出たとか、どのような企業に勤めた経験があるといったことが書かれているのではないだろうか。これは、結局のところ、大選挙区制を採用している議員選挙において政党ラベルがさほど当てにならないことを意味しており、地縁を通じての集票活動に議員が勤《いそ》しんでいることを示唆している。地方議会選挙では、有権者にとってその候補者が身近な存在であるかどうかが、投票の決め手になっているのである。

このように、市区町村議会で無所属議員が多い理由として、大選挙区制が地方議員選挙で採用されていることを挙げることができる。図表3－9は、これまでの議論をまとめたものである。

議員としてのジレンマ

市区町村の地方議員は、政党支持者からの得票だけに頼ることはできず、地縁を中心として住民からの支持を広く調達する必要に迫われている。とはいえ、全議員によって自治体全域をカバーできているわけではない。地域ごとに人口の違いがあり、人口が多い地域では議員を送り出すことができても、そうでない地域からは議員を送り出せないこともある。また、地域の人口がほぼ同じであっても、一方からは１人、他方からは２人の議員が選出されることもある。つまり、地域によって議員を出せる度合いに濃淡がある。

だからこそ、地方議員もまた、自らの選出に動いてくれた「地域」のためだけでなく、その自治体全体のためにも活動することが求められる。18世紀後半にE・バークが「国民代表」の議論を提示し、ひとたび議員として選出されたならば、出身地域のためではなくイギリス議会のために活動しなければならないと述べたのと同じことが、自治体レベルでも当てはまる。しかしながら、各議員が地域の問題を解決してくれる存在でなくなると、有権者にとって身近な存在ではなくなり、落選の憂き目にも遭いかねない。市区町村の地方議員が難しい立場に置かれている原因は、まさにそこにある。

第3節　政党化の功罪――「脇役」か「敵役」か

統一政府と分割政府

本節では、議会において首長与党が多数を占める場合とそうでない場合、そして政党化が進んでいない議会とに分けて、議会過程への影響を概観する。

国会では、衆議院だけでなく参議院においても与党が多数を占めるか否かが、議案審議に影響を及ぼしてきた。２００７年夏の参議院議員選挙から２００９年9月の政権交代までは自民・公明政権の下で、２０１０年夏の参院選から２０１２年12月の再政権交代までは民主・国民新政権の下で、それぞれ「ねじれ国会」となった。与党が参議院で多数をもたないなか、野党が国会過程を強くコントロールしたのである。自民・公明政権では財務省事務次官経験者を日本銀行総裁に推す人事案が、野党が多数を占める参議院において否決され、日銀総裁が空席となった。民主・国民新政権では平成23・24年度の特例公債法案（赤字国債を発行するための法案）成立が前年度末から大きく後ろにずれ込み、地方交付税の交付に遅れが出るなどの影響が出た。

この「ねじれ国会」のように、二院のうち少なくともいずれか一院、あるいは一院制の場合は当該議会における過半数の勢力を野党が握っている際にはこれを「分割政府（divided government）」という。アメリカでは、西暦を4で割って2余る年の11月に、いわゆる「中間選挙」が行われ、上院議員の約3分の1、下院議員の全員が改選を迎えるが、大統領着任から2年近くが経った時期に行われるこの選挙で大統領与党が敗北することが多い傾向にあり、頻繁に「分割政府」が生ずる。逆に、一院制の場合にはその院において、二院制の場合には両院において与党が議会過半数を握っているとき、これを「統一政府（unified government）」といい、議案の審議が円滑に進むことになる。

日本の二元代表制においても、「統一政府」と「分割政府」の双方が見られる。つまり、議会過半数を首長与党が占めれば「統一政府」が、首長野党が占めれば「分割政府」が、それぞれ誕生する。首長と議会の選挙のタイミングがずれると分割政府が生じやすくなる。他方で、選挙のタイミングが統一されると、有権者は支持する首長候補を支援する議員に1票を投じやすくなるから、統一政府が展開されやすい。２０１９年4月、大阪府知事・大阪市長のダブル選挙と大阪府議会・大阪市会議員選挙が同時に行われたときに、維新陣営が首長選挙・議員選挙の双方で大勝したのは、その好例である。

政党化と議会過程

さて、本章第1節で見たように、市区町村議会とは異なり都道府県・政令市議会では政党化が進んでいる。非都市部の県では自民党が圧倒的な強さを誇る一方、それ以外の都道府県や政令市議会では多党化している。また、市区町村議会であっても、第2章で紹介した大阪府八尾市のようにそれなりの人口規模をもつ自治体であれば、政党を軸とした議会過程が展開されることになり、政党化が進んでいない町村議会に比べれば、首長与党・野党の色分けもわかりやすくなる。

既に馬渡（2010）や辻（2015）が明らかにしたように、議会に占める首長与党の割合が高いか低いかは、議案の審議に大きな影響を及ぼす。もし首長与党の割合が低ければ、首長が提出した議案の修正可決や否決が頻繁に見られる。もっとも、首長が総務省（旧自治省）や経済産業省（旧通産省）など中央府省での官僚経験をもっていたり、当該自治体叩き上げの職員だった場合には、たとえ選挙の際に多数の議員から支援されていなくても議会運営を無難に乗り切ることが多い。だが、そうではなく大学教授やタレント出身の首長であった場合、議会との関係がこじれて大荒れになることもある（第1章第2節で触れた田中康夫長野県政がその例である）。つまり、「統一政府」では議案審議が粛々と進み、議会の存在感が見えにくくなる一方、「分割政府」では議会が「抵抗勢力」であるかのように映るのである。

統一政府の議会過程

では、政党化した議会において、議会過半数を首長与党が占めるとどのような事態が訪れるのか。まずは島根県議会を採り上げよう。

島根県では、戦後初の選挙となった１９４７年以降現在まで、統一地方選挙時に知事選挙と県議会議員選挙が同時に行われてきた。社会党統一と自民党結成により始まる55年体制下では、１９７１年と１９７５年の知事選挙が保守分裂選挙となって大接戦となったが、１９７９年以降２０１５年まで、自民党が推す知事候補が常に勝利を収めてきた。県議会においても自民党の優位は揺るがず、１９８７年以降２０１９年の改選前までは自民党会派の分裂もなく、常時７割前後の議席率を有してきた。

このように議会内では自民党が支配的立場にあり続けたことから、歴代の議長・副議長は１９５７年６月以降ずっと自民党が独占してきた。たしかに、１９７０年代には知事選で自民党県議が２手に分かれて戦ったものの、知事提出議案の議決結果には影響がほとんどなかった。１９７７年１月の行政機関等設置条例改正案１件が修正可決された以外は、２０１９年の改選時まで知事提出議案の否決や修正可決は見られない（住民の直接請求による首長提出議案は除く、以下同じ）。

続いて兵庫県議会を見てみよう。兵庫県議会でも、その前身に当たる会派も含め、自民党会派が55年体制期のすべての期間において、議会過半数を占め続けた。1993年の細川護熙《もりひろ》非自民連立政権発足後今日に至るまでの間には、1999年の改選で議席率がちょうど50%になったり、2007年の改選で5割を下回ったりもしたが、終始会派が分裂することなく、自民党は第1党の立場を保ち続けた。

1954年と1958年の知事選では社会党推薦候補が勝利したものの、1962年に就任した知事からは4代続いて、旧内務・自治省出身の官僚が、兵庫県副知事の経験も踏んだうえで、知事に就任している。推薦党派についても、自民党単独推薦であったのが、民社党に続いて公明党も与党陣営に入り、1986年知事選からは社会党も支持する側に回っている。2000年代に入ってから、政党の本部推薦が出されないことも増えたが、それでも政党の県組織単位では多党相乗り体制が続いている。

このように、官僚出身知事と自民党がほぼ過半数を占め続ける議会との協調関係が非常に永く続いており、たとえ自民党が議会の過半数の議席をもたなくても知事与党全体では圧倒的多数の議席率を誇るため、知事提出議案の議決結果もおしなべて「原案可決」である。筆者の確認に間違いがなければ、戦後間もない混乱期から令和元年6月定例会までずっと、兵庫県議会では知事提出議案はすべて、否決も修正可決もされなかった。また、知事提出議案に反対する会派は共産党にほぼ限定されてきた。

効率性重視がもたらすもの

多数与党型議会は、傍目から見れば首長の方針を「追認」するだけの存在でしかないように見える。実際、首長との関係がこじれて会期延長になるということも滅多にない。すべての議事が、いわば「予定調和」のうちに終えられる状況にある。

このような事態になるのも、日本の地方議会制度が「効率性」重視になっているからである。「効率性」とは、限られた時間のなかで迅速に議会としての意思決定を行い、必要な議案を処理するのに必要な要素を指す（建林他２００８）。政令市や都道府県の議会では、多い場合には八十数名から１００名を超える議員がいるが、そのほとんどの議員が会派に所属し、会派の方針に従って一致団結して議案への賛否を示すため、あらかじめ議決結果を予想しやすい。

また、第1章で述べたように、予算執行権をもつのは首長であるため、議員なかんずく与党議員にとっては、自身に投票してくれた住民に対してアピールするためにも、早急な執行を求める立場にある。自治体として政策を実施するのに議会の議決が必要であることを議員自身もわかっているため、各議員が実施を望まない政策でないかぎり、なるべく早い予算案の成立を目指すことになる。さらに、議会は予算編成の権限ももたないため、各会派がせいぜいできるのは、各議員からの要望をまとめて予算重点要望項目を文書にして首長に提出することぐらいである。前章でも述べたように、各議員は、議会開会前に開かれる議案説明会において、自身が依頼した予算付けがなされているかどうかを確認し、本会議開会後はルーティンどおりの議会審議と予算案成立を目指すのである。だからこそ、国政では「野党」であっても、地方では「与党」陣営入りする会派が相次ぎ、総じて多党相乗りが一般化することになる。

このように、統一政府においては、議会の存在感は非常に薄いものとならざるをえない。安倍政権下の「官邸一強」体制が注目されるなか国会や国会議員の比重の低下が課題として認識されるようになったが、政権を直接支える必要がない、二元代表制下の「与党」議員の場合はなおさら、その存在価値が問われる状況に追い込まれている。

他方で、自治体の「野党」議員がいくら声高にその政策を首長に対して訴えかけても、多数与党の壁の前では無力である。つまり、共産党のような議会内の少数派の意見はかき消されやすい。このことは、議会に求められる「開放性」の観点からすれば問題である。「開放性」とは、意思決定を行うまでに十分な時間をとって議会内の少数派にも意見表明の機会を与えるなど、議会内過程をすべての議会構成員に開くための要素を指し、先述した「効率性」に対立する概念である（建林他２００８）。統一政府では、「効率性」が最優先される議会であるために、選挙区定数が小さいとただでさえ選出されにくい一部党派の議員の声が、さらに行政に届きにくくなる。

分割政府の主役も首長

次に、議会過半数を首長与党が占めない分割政府について見てみよう。統一政府の下では、首長と議会（多数派）の「馴れ合い」が批判的に報じられる傾向にある一方、分割政府が生じたときは首長はメディアからの注目を浴びることが多い。「革新自治体」や「改革派知事」が登場したときがそうである。「革新自治体」とは、自民党の支援を受けず社会党（当時）や共産党の推薦を受けて当選した首長がいる自治体のことを指し（岡田２０１６）、１９６０年代から70年代にかけて一大勢力を築いた。たとえば、１９６３年に社会党代議士から転身した飛鳥田一雄《あすかたいちお》横浜市長や、１９６７年に両党の推薦を受けて初当選した美濃部亮吉《みのべりょうきち》東京都知事が、革新自治体の首長として著名である。他にも、京都府・市、大阪府・市、沖縄県も「革新自治体」となったために、自民党（中央）政府が首長奪還を目指す「ＴＯＫＹＯ作戦」を展開するほどだった。これら革新自治体では、国に先駆けて福祉政策や環境政策が導入され、後の自治体行政だけでなく国の行政にも大きな影響を与えた。

一方、「改革派知事」は1990年代に多数見られた。自民・社会両党が推す前副知事を破って1993年に宮城県知事に初当選した浅野史郎《しろう》は、情報公開を徹底的に進めた。1995年の統一地方選で、やはり自社両党の推薦した前副知事に僅差で勝利し三重県知事に着任した北川正恭《まさやす》は事務事業見直しを行った。この北川や浅野を含め、改革派知事と呼ばれた首長の多くにとっては、対立候補を支援した議員が多数を占める議会にどう立ち向かうかが難問となった。つまり、革新自治体や改革派知事が誕生したとき、議会は「抵抗勢力」として立ちはだかったのである。

大阪府と大阪市の革新自治体期

ここでは、様々なタイプの首長を迎えた大阪府と大阪市に焦点を当てて、議会過程を論じてみたい（詳しくは辻（2015）及び辻（2019）を参照）。大阪府では、1971年に憲法学者の黒田了一《りょういち》が社会・共産両党の推薦を受けて知事に当選してから、少数与党型議会過程が展開されることとなった。自民党は1959年以降、府議会過半数を占めたことがなかったが、社会・共産両党の議席率は合わせても3分の1ほどでしかなかったため、多くの知事提出議案が否決されたり修正されたりした。知事就任から間もない昭和46年9月定例会では特別職給与改定議案が共産党の反対にも遭って否決された。昭和48年2月定例会では、水道料金値上げ案が全会一致で否決された。つまり、これらの案件は、知事与党であるはずの社会党や共産党も反対に回ったことを示している。前章で強調したように、二元代表制を採用しているからこそ、議院内閣制とは異なり、首長と与党議員とは一体的ではないのである。

黒田知事1期目の終わりに社会党府本部は黒田2期目について支持しない方針を決め（公明・民社両党と対立候補の支援に回った）、1975年春からの黒田府政2期目には共産党のみが与党という状態となった。同年夏には就任に議会の同意が必要な副知事がいない状態に陥ったし、予算の一部執行留保措置について議員が知事に説明を求めるための全員協議会も開会された。翌年2月定例会では、昭和50年度補正予算案など26議案について、年度内に議決を得られそうにないとの理由から、黒田知事が専決処分するに至った。自民党をはじめとする野党、つまり議会多数派はこの知事の動きに猛反発し、多数の税条例や手数料条例改正案について、当初知事が出してきた案を大幅に「訂正」させることで、一応の決着を見た。同年10月には、前月に知事が提出していた「大阪府の財政の健全化に関する計画案」が撤回を余儀なくされ、昭和53年2月定例会で自民党府議が「財政の窮迫はいかんともしがたく、ついに公約・ビジョンの全面的撤回を表明し、（中略）知事の今日までの財政施策が全面的に誤りだったことを認めた」と述べたように、黒田府政2期8年は、ときには与党からも鋭い批判を浴びて、混乱のうちに幕を閉じた。

一方大阪市では、1963年に初当選した中馬《ちゅうま》馨《かおる》と、中馬に続き1971年に市長に就任した大島靖《やすし》がいずれも、自民党の推薦を得ず「革新」系候補として選挙に勝利した。だが、中井光次《みつじ》（在任1951～63）、中馬（同1963～71）、大島（同1971～87）、西尾正也《まさや》（同1987～95）、磯村隆文《たかふみ》（同1995～2003）、関淳一《じゅんいち》（同2003～07、一時辞職により中断）の6人の市長はいずれも、着任前に市助役を経験していた。また、中馬、大島ともに2期目以降には自民党の推薦を受けることができたし、自民・社会・公明・民社の4党による市長支持体制が成立していたこと、さらに自民党は1963年以降、市会内で過半数をもたなかったことから、公明党が自民党と社会党の間に立つことにより、市会運営に波風が立つことはなかった。市会によって否決された議案は関市政期まで見られなかったのである。

横山ノック無党派府政

1979年春の知事選で、黒田は自民・社会・公明・民社の各党から推薦を受けた元副知事岸昌《さかえ》に敗れた。岸府政期になると、黒田府政期には当たり前となっていた、会期の大幅延長は見られなくなった。つまり、それまでの黒田府政期は、議会の「効率性」が削がれた時期でもあったが、岸府政期になると、知事提出議案は粛々と可決され続けた。この流れは、

1991年に着任した中川和雄《かずお》府政期にも受け継がれた。

しかし、1995年春の知事選で番狂わせが起きた。東京都知事選で放送作家の青島幸男《ゆきお》が各党相乗りの前官房副長官を破ったのと同じくして、大阪でも同じくタレントの横山ノックが前科学技術庁事務次官らに大差を付けて勝利した。当然のことながら府議会内に知事与党は存在しなかったから、就任当初からノック知事はつまずくことになった。同年7月の臨時会で、副知事と出納長の選任案が不同意とされたのである。このときの議会で自民党府議は、「知事あなたは、大きな思い違いをされているのです。事前の調整をすべて密室、談合で切り捨てるのは余りにも問題があります」と発言し、議会への事前の「根回し」をしないと述べていた知事を強く批判した。

そして同年の9月定例会で知事は、社会党府議の質問への回答において、「特別職の選任問題などの諸問題の解決を通じ、身をもって府議会各会派との十分な意思疎通が大事であると痛感した」と述べ、議会多数派を占める、共産党以外の前知事時代の旧「与党」会派との関係強化を図る方針を明らかにした。結局、1期目が終わる平成11年2月定例会で、共産党府議から「知事の実際は、政策面では従来型の巨大開発に固執してきた4年間であったし、政治行動のうえでも、我が党以外の多くの府会議員の集会などに出席する一方、府内の市長選挙では、我が党以外のオール与党候補の応援に駆けつけ、我が党への誹謗《ひぼう》と攻撃を繰り返し」たと揶揄《やゆ》されるほど、自民・民主・公明等各会派への配慮を続けた府政運営になった。通産官僚だった太田房江《ふさえ》が横山ノックの辞職後に知事に就いた2000年からの8年間は、統一政府だったこともあり、岸・中川府政期と似た議会展開が見られた。

大阪市会の変化

大阪市では、2003年に市長に着任した関淳一が、2005年になって、市政改革を実行に移すため、いったん職を辞して出直し市長選に出ることを明らかにした。環境保健局長時代に関わった民間病院等への融資の回収が滞ったことや、助役時代に所管した水道局のヤミ年金・退職金問題等が明らかになったこと、さらに市長就任後の赤字第3セクターの相次ぐ破綻処理を余儀なくされたことについて責任を重く感じ、状況を打破したいとの考えからであった（「読売新聞」2005年10月18日付）。当初関は民主党にも推薦を求める姿勢を見せたものの、自民市議団から民主党の推薦を外すよう要請がなされたため、自民・公明両党の推薦により出馬し、再選された。それでも、翌年の第3回定例会において、経営破綻した病院の民事再生のため、市が融資金の焦げ付きなど債権約138億円を放棄するとする議案が、全会一致で否決され、2007年には民事再生手続き中にあった第3セクターのホテル再生計画案がやはり全会一致で否決された。戦後、市長提出案件が一度も否決されなかったのが、ここにきて変化の兆しを見せ始めたのである。

同年の市長選では、関が3選を目指して自民・公明両党の推薦を得て立候補したが、民主党などの推薦を受けた元民放アナウンサーの平松邦夫《くにお》に敗れた。民主党は当時市会内では全89議席のうち20議席ほどを占めるに過ぎなかったから、平松市政は少数与党の下での議会運営を強いられた。つまり、大島市政の1期目以来、久しぶりに分割政府が生じたのである。野党の自民党や公明党は、平成20年第1回定例会において、職員の組合費を給与から天引きする「チェックオフ」を廃止する条例改正案を多数で可決させ、翌平成21年第1回定例会では、新年度予算案を修正可決した。それでも、平松市政期には否決案件はなく、自民・民主・公明の3派連合もほぼ維持されていたと見ることができる。

橋下徹の登場

大阪府議会でも大阪市会でも、公明党を仲立ちに、自民党と社会党もしくは民主党を含めた会派連合が、長期にわたり続いていた。だがこれを一変させたのが、橋下徹であった。

2008年1月の知事選で、自民党府連と公明党府本部の推薦を受けた橋下徹は、民主党などが推薦した候補や共産党が推薦した候補らを破って当選した。弁護士でテレビタレントでもあった橋下はその知名度を活かして知事選に圧勝し、知事に就任するや否やすぐに指導力を発揮した。2008年度において1100億円の府財政の収支改善を目指す「財政再建プログラム試案」を発表し、民主党や共産党など野党だけでなく、知事を推した自民党や公明党からも、「府の責務である分野の削減は受け入れがたい」「府民に耐えられない痛み（を与える）」などといった批判がなされたが、結局は知事側が内容を一部「訂正」することで議会側は受け入れるに至った。しかし、大阪市が設立した第3セクタービルを購入しそこへ府庁を移転するとした議案については、無記名採決の結果、否決されるに至った。

2009年度に入ると、松井一郎ら6人の府議が自民党会派を離脱して新会派「自民党・維新の会」を結成し、浅田均《ひとし》らまた別の5府議が「自民党・ローカルパーティー」を結団するなど、自民党会派内に亀裂が生じ、2010年4月にはこれら両会派に所属する議員を中心に「大阪維新の会」（以下、維新）が結成された。この時点で、橋下にとっての与党は自民党や公明党ではなくなり、この維新会派が実質的に知事与党として活動することになった。

大阪維新の会と府議会・市会

2011年の大阪府議選・市議選では維新が勝利を収め、府議会で過半数を獲得し、市会でも第1党に躍進した。同年11月の大阪府知事選・市長選で松井と橋下がそれぞれ知事・市長に当選すると、それまで賛否を違えることのなかった自民党と公明党の間にすきま風が吹くようになった。特に大阪市では、平松市政期まで自民・民主・公明の3派連合の関係は非常に強固であったが、2011年以降、維新と公明のみが賛成し可決する議案が多数見られるようになった（ここには、大阪市を廃止し特別区を設置するための、いわゆる「大阪都構想」について住民投票に諮る議案も含まれている）。

また、橋下や松井ら維新の首長は、再議権の行使もためらわなかった。2013年末に一部維新府議が会派を離れたため、市会だけでなく府議会でも維新は議会過半数を失い少数与党政権となったが、それでも維新は各議会で3分の1を超える勢力を有していた。つまり、首長が再議権を行使した場合、反維新勢力の定めようとする条例案や予算修正案を維新勢力が葬り去ることができる状況にあった。その議案が条例案や予算案の類であれば、再議決には3分の2以上の賛成が必要だからである。実際、大阪府議会平成26年5月定例会においては、維新以外の各会派の賛成によって可決された情報公開条例改正案（知事の特別顧問や特別参与の助言等の活動の場を公開するよう定めたもの）が、松井知事の再議権行使と維新会派の反対によって否決された。また、大阪市会の同年第2回定例会では、市立校長の採用を「原則公募」から「公募できる」ものへと変更するための市立学校活性化条例改正案が、自民・民主系・公明各会派の賛成によって可決されたものの、橋下市長が再議権を行使し、維新会派が改正案に反対したことで、最終的には否決となった（2改正案とも議員提出）。このように、維新の会成立後の首長と議会との関係は、会派間対立と合従連衡《がっしょうれんこう》とに彩られることとなった。

議会は抵抗勢力か

ここまで見てきたように、首長を支持しない勢力が議会の多数を占める「分割政府」の場合には、各会派の戦略によって、首長提出議案が否決もしくは修正可決されたり、あるいは人事案を議会に提示できないまま時間が経過したりといったことが頻繁に生ずる。つまり、議会の「効率性」が阻害されることを意味する。議会が「抵抗勢力」のように映り、首長が記者会見の場などで苛立《いらだ》ちの表情を見せることも少なくない。

とはいえ、これは角度を変えれば、分割政府のときにしか、議会が存在感を示すことができない現れと見ることも可能である。つまり、首長が新規施策を提案し、議会がそれに対して「NO」を突き付けたときにしか、議会の存在感が見えないからである（前章第2節で紹介した砂原（2011）の議論を参照）。もちろん、首長の提案に対してゴーサインを出すことに意義がないと述べるつもりはない。首長に予算や条例等の執行を可能ならしめる議決権の行使は、議会にとってもっとも重要な職務である。だが、議会に予算提案権がないために、議会質問や予算案編成前の首長への要望書の提出などで、政策の実現を首長に迫ることでしか、政策変化を起こせない議会は、有権者の視点からすれば、その機能が非常に限定的であるように映る。つまり、少数与党型議会でないかぎり、議会は、首長の方針に対してラバースタンプを押すだけの存在であるかのように、見えてしまうのである。

政党化していない議会のジレンマ

最後に、政党化が進んでいない議会のデメリットについて考えてみたい。前節の最後で述べたように、定数の大きな市区議会や、政党化が進んでいない町村議会では、政党を軸とした投票行動が行われにくくなる。有権者は、政党ではなく、候補者の出身地域や職業に着目して1票を投ずることがほとんどだろう。

この問題点は、議会における各議員の行動を把握することが有権者にとって困難なことにある。定数の大きな市区議会において、政党ごとに議員が会派としてまとまっていれば、政党のラベルを見るだけで、その主張をある程度イメージすることができるし、各議案への賛否も予測しやすい。しかし、もし無所属議員が多数いるならば、各議員について政策と賛否を見る必要に追われるため、より多くの労力が有権者に求められることになるし、そもそもそれだけの労力を払う有権者がどれほど存在するのだろうか（前章第2節参照）。

また、そうであるがゆえに、有権者が気づかないうちに、本来であれば住民の間で賛否を巻き起こすような重要議案が、いつのまにか議会で可決されていたということにもなりやすい。というのは、本書で再三述べてきたように、予算提案権を持たない議員は、その求める政策を首長に実行してもらうために、議案に賛同する傾向を持つからである。特に市区議会のように、議員が大選挙区制によって選ばれてきたならば、その基盤とする地域や支持組織の利益を志向しやすいから、この傾向はなおいっそう強くなるだろう。たとえ首長が当該自治体全域を一つの選挙区とする小選挙区制で選出され、組織化されない自治体全体の利益や財政制約を気にしたとしても（曽我・待鳥2007）、選挙で勝利するために議員からの支持を必要としていた場合には、議員に対して譲歩する。すなわち、首長が各議員と持ちつ持たれつの関係を結ぶことで、通したい議案を議会に認めてもらう一方で、議員の個別利益にも配慮した政策を進めることになる。つまり、首長と各議員との間でバーター関係が成立しやすい一方、地域的な利益や個別利益の還元を議員や議会に期待しない有権者は蚊帳《かや》の外という事態になりかねないのである。

もし政党化が進んでいるならば、たとえ各会派と首長との間でバーター関係が成立していたとしても、政党化していない議会ほど議会過程を視認しにくいことはないだろう。また政党間で政策に差があれば、有権者が与《あずか》り知らないうちに重要議案についてゴーサインが出ていたということも生じにくくなるだろう。このように考えると、地方議会の政党化にはそれなりの意義があることがわかる。

とはいえ、議員定数が小さな町村でも同様に、政党化を求めることが現実的かどうかについては、考慮の余地があろう。もちろん、議員の数は少なくても、やはりその主張と議案の賛否態度を見ないかぎり、議会での実績を確認することができないという課題はある。だが、たとえば定数が1桁の議会において、複数の会派に議員が分かれることにメリットがあるだろうか。人口規模が大きな自治体ならば、議員間の意見の集約を図るためにも政党がその機能を果たし、議会総体として「効率性」の発揮を目指す必要がある。しかし、小規模自治体の場合、むしろ議員ひとりひとりが持つ多様性を議会過程に反映させてこそ、議会は合議体としてのメリットを活かすことができるのではないだろうか。

＊

本章では、議員のなり手について紹介し、高齢者と男性が過剰代表されていることを確認した。そして、大規模自治体ほど政党化していることを明らかにし、その背景として選挙制度や定数の違いがあることを指摘した。また議会の政党化の進展が、地方議会の存在意義を見えにくくしていることも述べてきた。つまり、首長与党が議会多数派を占める統一政府の場合には脇役に、分割政府の場合には敵役に、議会が置かれてしまうジレンマを抱えることを明らかにした。逆に、政党化しない場合であっても、有権者にとって議会の実績を確認することが非常に難しいことも指摘した。

このように、有権者にとって議会の存在意義が見えにくい状況にあるからか、議員定数や議員報酬を下げるべきとする議論が強く主張されるに至っている。次章では、議員定数・議員報酬・政務活動費という、議会にかかるお金にまつわる話について、検討を加える。

第4章　議員とお金

　本章では、有権者からの厳しい視線が注がれている、議員をとりまくお金について検討する。議員が受け取る金銭として、議員報酬と政務活動費がある。この両者は性格が全く異なるものであるが、地方議員自身もその違いに気づいていない可能性がある。議員報酬は、一般職の地方公務員が受け取る給与（地方公務員法第24条）とは違うが、かといって国会議員が受け取る歳費のような位置づけも与えられていない（第1章第1節参照）。しかし、この議員報酬を得ることが地方議員にとって生活の糧になっている。他方、政務活動費とは、議員活動を行ううえで必要な経費を賄うためのものであり、議員としての職責を全うしようとすればするほど、必要不可欠なものである。

ここではこの両者について考えるが、それと合わせて、議会総体として自治体の負担になっている金額についても考える。その際に考慮しなければならないのが、議員定数である。議員定数や議員報酬の削減を声高に叫ぶ議員もいるが、議会費が自治体全体の一般会計に占める割合は、実は全国平均で0・4％（都道府県で0・2％、市町村で0・6％、2017年度）ほどでしかない。ただ、昨今の自治体の財政状況悪化もあり、議員定数をどう設定するかが有権者の関心事にもなってきた。そこで、本章ではまず議員定数の決まり方について検討した後、議員報酬と政務活動費の実態について紹介する。

第1節　定数

止まない削減圧力

ここのところ、地方議会の定数削減を求める声が止む気配は一向にない。根底には地方議会や地方議員に対する不信があり、代議制民主主義という形態に批判があるようだ。待鳥（2015）は次のようにいう。議会は、有権者である一般市民から選挙された議員から構成されており、民主主義的正統性が高いはずである。それにもかかわらず、選挙で選んだ政治家に政策決定を担わせることへの不信感を市民は抱いている。その背景には、有権者である「われわれ」と、政治家である「彼ら、彼女ら」との間に質的な違いがあるとの認識がある。そして、現代の代議制民主主義において、有権者は、政治家が選挙のときに訴えていた公約を実現しなかったとしても責任をとらないと考える傾向にある、と。

ともあれ、本書の冒頭でも述べたように、地方議員の数は大きく減少してきた。いわゆる「平成の大合併」の影響もあり、この20年ほどで町村議会議員数は激減した。つまり、町村そのものの数が、1998年度末の2562から2018年には926にまで減り、その影響もあって町村議会議員の数も1998年には4万人以上いたのが、2018年には1万1000人弱にまで減ってしまった。他方、市区の数は1998年度末の693から2018年の815へと増加したが、市区議会議員の数は一時的に2万5000人ほどに増えたものの、2018年現在1万9000人を割り込んでおり、この数は1998年のそれよりも少ない。

結果として、有権者にとって地方議員はより遠い存在となった。より多様な民意を掬《すく》えなくなった可能性もある。そのことが、有権者である「われわれ」と、政治家である「彼ら、彼女ら」との間の意識の乖離や違いを生み出したのかもしれない。

制度の変遷

地方議会の議員定数は現在、各議会において決定できるが、定数を自由に決定できるようになったのは比較的最近になってからである。1947年に制定された地方自治法（以下自治法）は、人口規模に応じて議員定数を定めていた。たとえば、自治法制定当初には、人口70万人未満の都道府県議会の議員定数は40人とされ、人口70万人以上100万人未満の都道府県においては人口が5万人増えるごとに、人口100万人以上の都道府県においては人口が7万人増えるごとに、それぞれ議員定数を1人増員することとされた（上限は120人）。市の場合には、人口5万人未満であれば30人、5万人以上15万人未満であれば36人、15万人以上20万人未満であれば40人、20万人以上30万人未満であれば44人、30万人以上であれば48人で、人口30万人以上50万人未満の市の場合には人口が10万人増えるごとに、人口50万人以上の市の場合には人口が20万人増えるごとに、それぞれ議員定数を4人増員することとされた（上限は100人）。そして町村の場合には、人口が2000人未満であれば12人、2000人以上5000人未満であれば16人、5000人以上1万人未満であれば22人、1万人以上2万人未満であれば26人、そして人口2万人以上であれば30人と法定された。自治法は、市町村については自治法制定当初から、都道府県については1952年から、各自治体議会が条例によって法定定数よりも少ない定数を設定することを認めたため、多くの議会が法定定数よりも少ない議員定数とする、いわゆる「減数条例」を定めた。

　1999年の地方分権一括法等による自治法の改正により、第90条（第91条）第1項は「都道府県（市町村）の議会の議員の定数は、条例で定める」と改められ、2003年以降、各自治体の議会が議員定数を決めることとなった。とはいえ、各条第2項において、人口規模に応じた議員定数の上限が定められたことに変わりはなかった。そして、議員定数の決定権限が完全に自治体レベルに委ねられたのは、2011年の自治法改正によってである。議員定数の法定上限が撤廃され、各議会は自由に定数を設定できるようになった。

議員定数の実態

　それでは、現在の各自治体の議員定数はどうなっているだろうか。まず都道府県から見てみよう。2019年現在、最少は鳥取県の35、最多は東京都の127である。福井、山梨、島根、徳島、高知、佐賀、宮崎といった、人口が100万人を切るところを中心に、40を切る議員定数が設定されているのに対して、人口が500万人を超えるような大規模都道府県では、80人から100人台の議員定数となっている。

　続いて市区議会について見てみよう。2017年末現在、約3400人という全国一人口の少ない市である北海道歌志内《うたしない》市では議員定数が8人である一方、370万人を超える人口

図表4－1　人口段階別にみた市区議会議員定数の状況

人口段階	市区数	1市あたり平均（人）
5万人未満	272	17.3
5～10万人未満	256	20.8
10～20万人未満	155	25.4
20～30万人未満	46	30.8
30～40万人未満	28	36.4
40～50万人未満	22	39.0
50万人以上	15	44.7
指定都市	20	58.7

出典：全国市議会議長会調べ

を擁する横浜市では定数が86と定められている。図表4－1は、全国市議会議長会がとりまとめた、人口段階別に見た市区議会議員定数の状況である。やはり、法律上の縛りがなくなった今も、人口規模が大きくなるに従い定数も増える関係にある。

議員定数に影響を及ぼすのは人口だけなのか。ここでは、自治体の財政状況によって多数議員を抱えても余裕のあるところとそうでないところがあるのではないかと仮説を立て、８１４の市区を対象とした回帰分析を行った。回帰分析とは、説明したい結果が、原因と考えられる要因にいかに規定されているかを統計的に解明する手法である（増山・山田２００４）。

すなわち、下の式Aのように考え、人口や財政力指数が議員定数に影響を及ぼすと予測する。そのうえで、実際のデータから得られる実測値と予測値の差の二乗の和が最小になるように、a_1やa_2の値を求めるとともに、これらa_1やa_2がゼロではないかどうか（人口や財政力指数が議員定数に影響を及ぼすか否か）を確かめるのである。

なお財政力指数とは、大雑把にいえば、各自治体が行政上の必要経費をどの程度税収

A：（議員定数）＝a_1×（当該自治体人口）＋a_2×（当該自治体財政力指数）＋b（定数）

図表4－2　財政力指数ごとの市区数

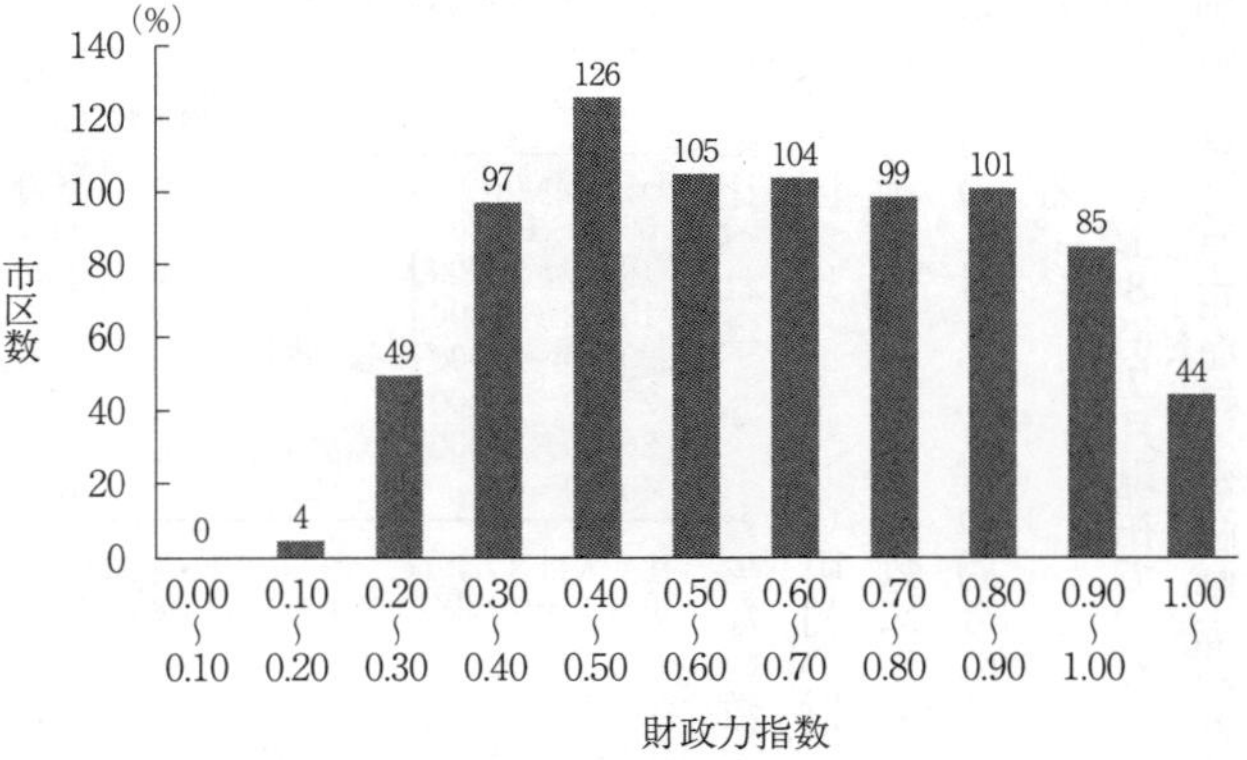

注：横軸の目盛はいずれも以上・未満を表す
出典：総務省「全市町村の主要財政指標」をもとに筆者作成

で賄うことができるかを示すものであり、値が大きい自治体ほど裕福であるということができる。またこの数値が1を超えると、当該自治体の税収等で十分に財政的にやりくりできるとされて、地方交付税の交付対象から外れることになる。2016年度の財政力指数は、市区においては、最低が0・11、最高が1・52であった（図表4－2参照）。

　では、推定結果について見てみよう。式Bにあるように、人口が1万人増えるごとに0・30人、財政力指数が0・1上がるごとに0・33人、それぞれ議員定数が増える。また、いずれの推定値も有意にゼロとは異

> B：(議員定数)＝
> 0.0000301(47.3)×(当該自治体人口)＋3.30(4.84)×(当該自治体財政力指数)＋17.4(39.3)
> 括弧内はｔ値，決定係数＝0.765

図表4－3　人口段階別にみた町村議会議員定数の状況

人口（人）	町村数	1自治体当たり平均定数（人）
0～5000	264	9.0
5000～10000	244	11.4
10000～15000	143	13.2
15000～20000	123	14.1
20000～25000	52	14.9
25000～30000	35	15.0
30000～40000	45	15.4
40000～	21	16.6

注：人口（人）はいずれも以上・未満を表す
出典：「町村議会実態調査」から筆者作成

なる値であったから、先の仮説が当てはまることが確認できた。

町村議会の定数

町村議会においても、人口規模に応じて議員定数が大きくなる傾向にある（図表4－3、2018年7月現在）。とはいえ、先述した、自治法制定当時の法定定数である、「人口が2000人未満であれば12人、2000人以上5000人未満であれば16人……人口2万人以上であれば30人」に比べれば、ずっと少ない数字に落ち着いている状態にある。おそらくその背景としては、市区に比べて厳しい町村の財政状況があるのだろう。図表4－2と図表4－4を比べてわかるように、財政力指数について、市区の場合には最頻値が0・40～0・50のところに来ているのに対し、町村の場合には0・10から0・30の間に半数近くの自治体が収まっているのである。

なお、2018年7月現在で、もっとも多い議員定数を擁しているのは、北海道音更町《おとふけちょう》、幕別町《まくべつちょう》、茨城県東海村《とうかいむら》、福岡県福智町《ふくちまち》の20人であり、最少議員定数は沖縄県北大東村《きただいとうそん》の5

図表4－4　財政力指数ごとの町村数

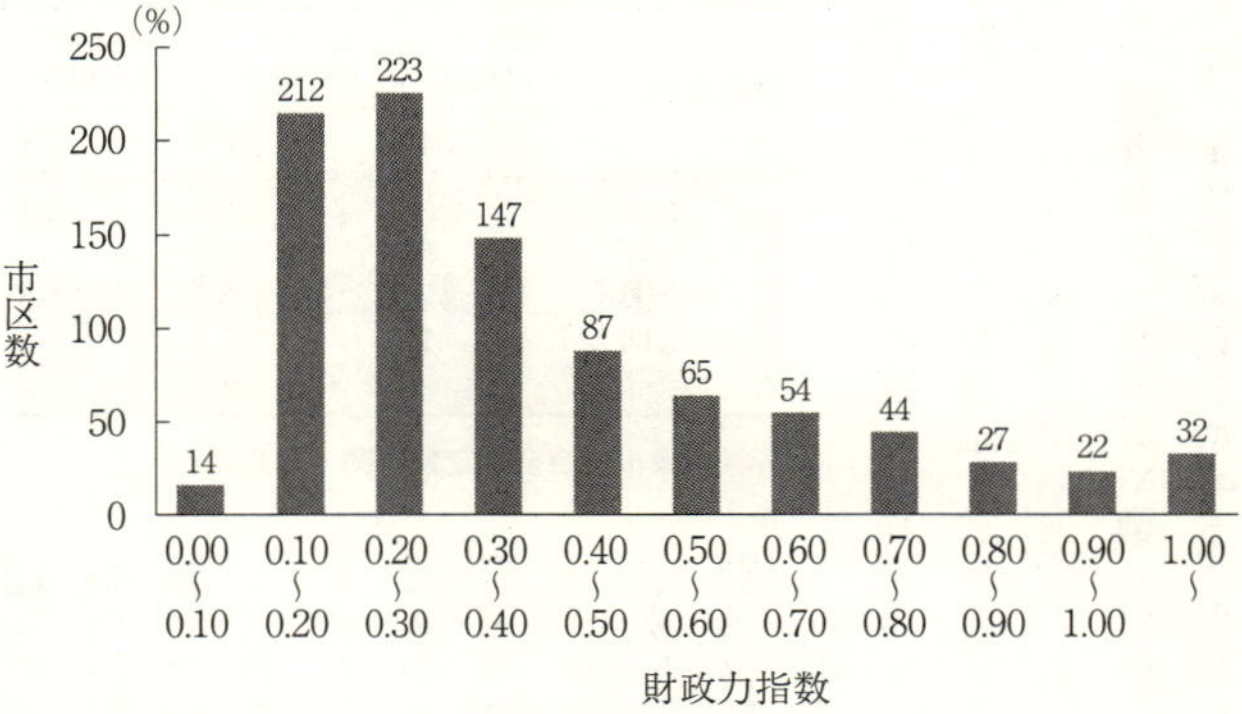

注：横軸の目盛はいずれも以上・未満を表す
出典：総務省「全市町村の主要財政指標」をもとに筆者作成

人という状況である。2018年9月には、この北大東村で村議会議員選挙が行われ、定数と同じ5人が立候補し無投票当選した。

定数はどのように決められるか

先に述べたように、2011年以降、自治体議会は自由に議員定数を設定できるようになった。では、各議会はどのようにして議員定数を設定しているのだろうか。ここでは、筆者自身も検討に関わった三重県松阪《まつさか》市の例を紹介してみよう。

三重県松阪市は、人口約16万4000人（2015年の国勢調査結果）の自治体で、2005年に旧松阪市・嬉野町《うれしのちょう》・三雲町《みくもちょう》・飯南町《いいなんちょう》・飯高町《いいたかちょう》の1市4町が合併して新設された。合併前には各市町に、28人・16人・14人・12人・

12人の議員定数を有する議会が設けられていたが、市町村合併特例法第9条に規定されたいわゆる在任特例に従い、新松阪市議会は80人の議員でスタートした。なお同年の国勢調査によると、旧市町域内の人口はそれぞれ、12万7000人、1万9000人、1万2000人、5800人、そして5000人ほどであった。同年7月末に在任特例期間が満了したため、地方自治法旧第91条に定められた上限数である34名が議員定数となり、2009年改選時には30人、2013年改選時には28人に議員定数が下げられた。図表4-5は、市議会議員改選後の旧市町別議員数の内訳を示したものである。

図表4-5　議員定数の削減経過（単位：人）

議員定数		2005年8月現在	2009年8月現在	2013年8月現在
		34	30	28
管内別議員数	本庁	23	22	21
	嬉野	5	3	2
	三雲	3	3	3
	飯南	1	1	1
	飯高	2	1	1

出典：「松阪市議会議員定数に関する意見書」

松阪市議会は、2017年の改選を前に、平成28年2月定例会において、自治法第100条の2の規定に基づく「松阪市議会議員定数に係る専門的知見の活用について」を発議・議決し、これを承けて同年5月に「松阪市議会議員定数のあり方調査会」（以下「調査会」）が発足した。

この調査会は、研究者や議会事務局職員経験者から構成され、議員定数に限定して審議を行った。まず、調査を始めるに当たり、議員定数についての議会各会派の見解や定数変更の経緯、さらには旧市町域ごとの選出議員数、市の財政状況等についての説明がなされた。そのうえで、次の五つの観点から、「28人」という定数が適正であると考えられるか否かの検討に移った。その5点とは、(1)三重県下の市議会及び他府県の同規模市議会との議員定数の比較、(2)松阪市の財政状況から見た議会費の妥当性、(3)住民の代表としての役割から見た場合の問題の有無、(4)審議を中心的に行う常任委員会の数と委員定数から見たときの妥当性、(5)それまでに寄せられた市民意見と市議アンケートによる意識調査の結果である。

検討結果は以下のとおりであった。第1に、三重県下の市議会及び他府県の同規模市議会と比較しても、28人という議員定数は過大でも過少でもない。第2に、県下他市と比較しても一般会計決算に占める議会費の割合は小さく、定数を削減しなければならないほど財政状況が逼迫《ひっぱく》しているとは考えられない。第3に、これ以上議員定数を削減すると、旧飯南町・旧飯高町といった地域から議員が選出されなくなる可能性が高く、たとえ現状において地域を代表する議員がいない地域があったとしても、議員定数が減らされるほど代表される民意は小さくなる。第4に、二つの市長部局を一つの常任委員会が担当する形で四つの委員会が設けられ、かつ現状、各委員会定数7人で円滑な委員会運営が成り立っている。また、もし1人の議員が複数の委員会に所属すれば広範囲の調査や勉強が必要で多くの時間と労力がとられることとなり、市政すべてをチェックすることが難しく、全体として議会の機能低下につながりかねない。そして第5に、市民から寄せられた意見には議会にとって厳しい声が多かったものの、市民全体の意見を集約したものとはいえない。また市議アンケート結果からは、議員の大半が現状の議員定数を支持し、また常任委員会の委員会数、構成委員数についても現状が適当であると考えていることが確認された。以上の検討結果から、調査会は、現行の28人を妥当とすると判断したのである。２０１７年の市議選は定数28のまま行われた。

下がり続ける「平均値」

松阪市の経過を見てもわかるように、基礎自治体の議員定数を考える際、よく参照されるのが、人口規模がほぼ同じ自治体や同じ県内の自治体の状況である。他の自治体に比べて飛び抜けて大きな数になっていないかどうかを気にして、「平均的」な状況に落ち着いているかどうかを確認するのが一般的なようである。それは、次節以降で述べる議員報酬や政務活動費についても同様である。議員定数や議員報酬を削減する風潮が強い現在では、当然のことながら、定数・議員報酬のいずれについても「平均値」がじりじりと下がる傾向にあり、各自治体議会で定数や議員報酬額を再検討するたびに、それぞれが「縮小再生産」され、それが「平均値」をさらに下げるというスパイラルに陥っているといわざるをえない。

それが果たしてよいことかどうかについては、やはり、検討の余地があろう。合併前にはそれぞれ12人ないし16人の議員が存在した旧4町は、合併後には合わせて11人→8人→7人しか議員を輩出できなくなった（前掲図表4-5参照）。当然のことながらこれら旧4町域の住民にとっては、議会を通して自分たちの声を、あるいは多様な声を反映させることが難しくなっただろう。また、議会の機能という側面からも、定数を削減した場合に十分な審議能力が担保できるかという観点が重要であり、その点を無視すれば首長に対する監視能力の低下と議会としての機能の脆弱《ぜいじゃく》化、さらには議会そのものの存在意義の低下を招きかねないことを認識しておく必要がある。

有権者であれ議員であれ、議員定数削減に強く同意する人には、より厳しくなる選挙で勝てる人ほど議会人として有能であるとする考え方があるように、筆者には思われる。しかし、選挙に強いことと議会人として有能であることとは別問題であろう。有権者は、地方議会の候補者について、その所属政党や出身地域、年齢や性別、経歴などに着目し、最終的な判断を下すだろう。だが、その議員が現職としてどのような活動をしてきたか、他の議員よりも優れた議員であったかどうかについて知ることは、そう簡単なことでもないし、たいへんな労力を必要とする。また、新人候補については、議員としてどの程度有能かを予測することは非常に困難であろう。もちろん、何をもって議会人として優秀とするかについては、人によっても判断基準が異なるだろう。だが、定員を安易に削減することは、地域であれ職業であれ、多様な背景をもつ代表が選出される可能性を低減させ、有権者にとって議員がますます遠い存在になることを意味する。いずれにせよ、この「優勝劣敗」論が真実を映し出しているのかどうか、よく考える必要があるのではないだろうか。

第2節　議員報酬

議員報酬をどう捉えるか

第1章第1節で述べたように、地方議員に支払われるのは「議員報酬」であり、「給与」ではない。「報酬」とは、一般には、一定の作業や役務の対価として与えられる反対給付のことを指し、生活給的色彩の強い「給与」とは区別される。宇賀（2019）によれば、地方自治法に、他の非常勤職員と同じ「報酬」として規定されていた頃には、議員に対する報酬は、本会議・委員会への出席、そして公務出張に対する対価として、狭く解釈されていた。逆にいえば、議会にも出張にも出ていないときの議員活動に充てられる対価が存在しなかったと理解することができる。ともあれ、2008年の自治法改正によって、「議員報酬」は他の非常勤職員に対する「報酬」と切り分けられ、独自の地位を得たことは、第1章第1節で見たとおりである。

他方で、法律の文言上「議員報酬」とされたことにより、国会議員が受け取る「歳費」とも異なる位置づけが与えられたことについても、同じく言及した。駒林（2006）は、日本国憲法第49条に規定されている国会議員の歳費の受給権が、職務遂行の対価だけでなく、生活保障給としての性格も有するのに対して、地方議員の報酬を受け取る権利が職務遂行の対価としての性格に留まっていると指摘する。しかし現在では、第2章で見たように、各議員が専門職的に活動することを余儀なくされている。また、自治法第203条第2項・第3項に規定されているように、各自治体は条例を定めることで期末手当や費用弁償（本会議や委員会に出席するために支給される交通費等に充てられる）も支給できることも含めて鑑みれば、国会議員の歳費と同様、生活保障給的な側面も議員報酬にはあるといえる。

戦後改革における議員と報酬の位置づけ

議員に対する報酬支払義務を定めた自治法の規定が置かれる前、地方議員は名誉職でありかつ無給であった。以下、堀内（2016）に従い、地方議員と議員報酬の位置づけの歴史的変遷について見てみよう。

彼は、地方議員が戦前に「名誉職」とされたことに加えて、戦後の「名誉職」規定撤廃のされ方にも、議員に対する報酬に積極的な位置づけが与えられなかった原因を見ることができると述べる。すなわち、1888年制定の市制及び町村制第8条において、(1)公民に、(2)無給で、(3)職務を全うさせるとする、名誉職制度が相当大きな議論を経て整備され、この原則が後に府県制・郡制にも適用された。その後、町村長そして市長等については「勤務に相当する報酬」を受けることができると制度改正されたが、地方議員については費用弁償以外の金銭の受給を認めることなく戦後を迎えた。

1946年、市制・町村制と府県制の一部が改正され、議員を名誉職とする規定が削除される一方で、報酬支給が任意で認められることとなり、さらに1947年の自治法制定によって報酬支給が義務規定となった。だが、名誉職制廃止をめぐっては、その導入時とは異なり大きな議論とならなかった。むしろ、かつて費用弁償として過分に支給されていた状況を適正化するために、議員に対する報酬として独立させて支給することとなった側面が非常に強く、「非常勤の特別職公務員」という地方議員の身分については十分に顧みられることがなかった。たしかに、議員の職を明確化しようとしたことは画期的であったが(内田2019)、「報酬」に関する規定自体は、過去における無給、名誉職、非常勤であった性格を引き継ぐこととなったのである。

自治省の混乱と一応の決着

１９６０年代になると、議員の位置づけをめぐって、自治省（当時）の対応が二転三転することになる。高度経済成長が続く時代背景の下、人事院が高い水準での昇級勧告を出し、それに呼応して地方公務員の給与も上昇した。そのようななか、地方議会でも報酬引き上げの動きが見られたため、自治省は１９６２年に、都道府県の部長クラスに当たる額が地方議員の報酬適正額であるとする内翰《ないかん》（法令や通達ではなく当該行政庁の考えを示したもので、拘束力はない）を各都道府県知事宛に発出した。このとき、自治省は地方議員の身分を専門職に近いものと捉え、議員の受ける報酬の本質は単なる実費弁償的なものでなく議員の実質的職務に対する対価であると解釈していた。

だが、その後も報酬引き上げの動きが止まらなかったことから、１９６４年、同省は、報酬変更に当たっては第三者を含む特別職報酬等審議会を設置することを義務づける通達を各都道府県知事宛に出し、さらに同年、次のような通達を各都道府県知事と６大市長宛に出すに至る。その内容とは、議員の報酬改定は、一般職員の給与のように生計費の増大、民間賃金の上昇に相応してなされるべき性質のものではないと考えられるため、極力自粛するよう求めたものであり、自治省は報酬の生活給としての意味合いを否定したのである。

１９６８年になると、止まらない報酬引き上げの動きに対して自治省は、特別職報酬等審

図表４－６　市課長級給与と市議会議員報酬の推移

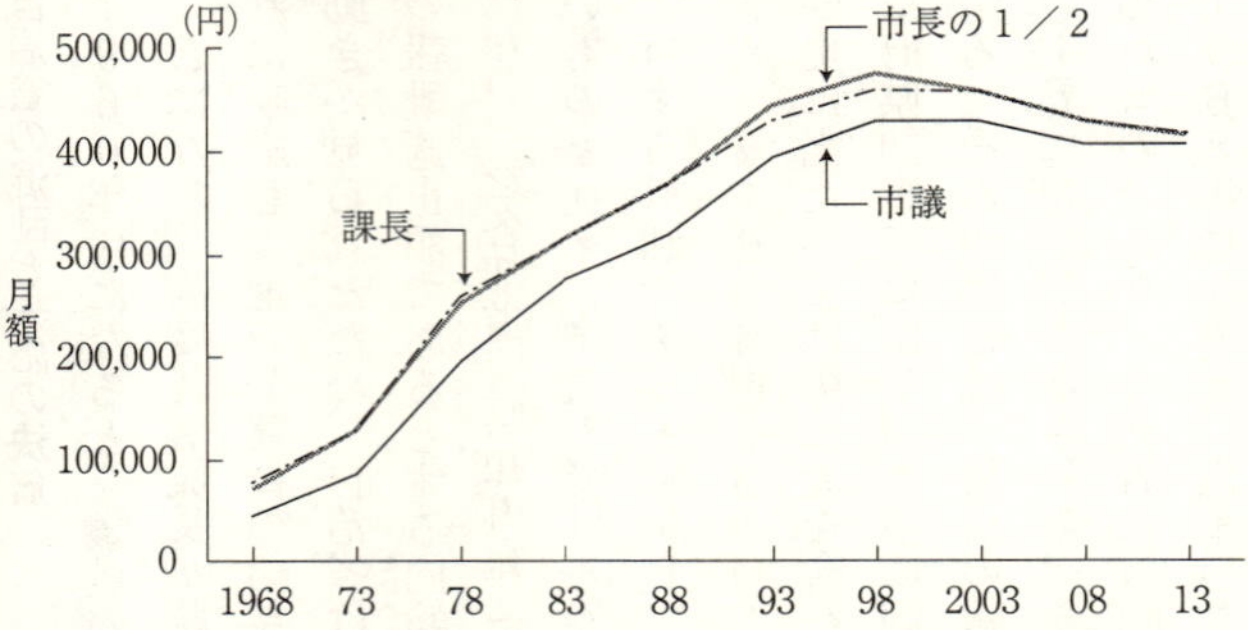

注：課長給は勤続年数25年から30年の値及び30年から35年の値の平均をとったもの
出典：堀内（2016）

議会の運営適正化について指導を行い、人口、財政規模が類似している他の地方公共団体における特別職の職員の給与額や給与改定の経緯、そして一般職の職員の給与改定の状況等に関する資料の提供を求めるようになった。つまり、このときには再び一般職員の給与との連動性を認めたのである。以後１９９０年代にかけて、職員給与と議員の報酬は連動して推移することとなった（図表４－６）。またこの考え方は、戦後を代表する行政法学者の田中二郎《じろう》や杉村章三郎《しょうざぶろう》、行政学者の辻清明《きよあき》らの考えとほぼ一致していた。彼らは、多少の違いはあれ、地方議員が専門職と名誉職の中間的存在であるとし、その報酬も常勤職との対比で捉えることについて、認識を共有していた。この考え方はその後、自治体議員の報酬をめぐる考え方についての指標として大いに影響を与えること

図表４－７　町村長給与と町村議会議員報酬の推移

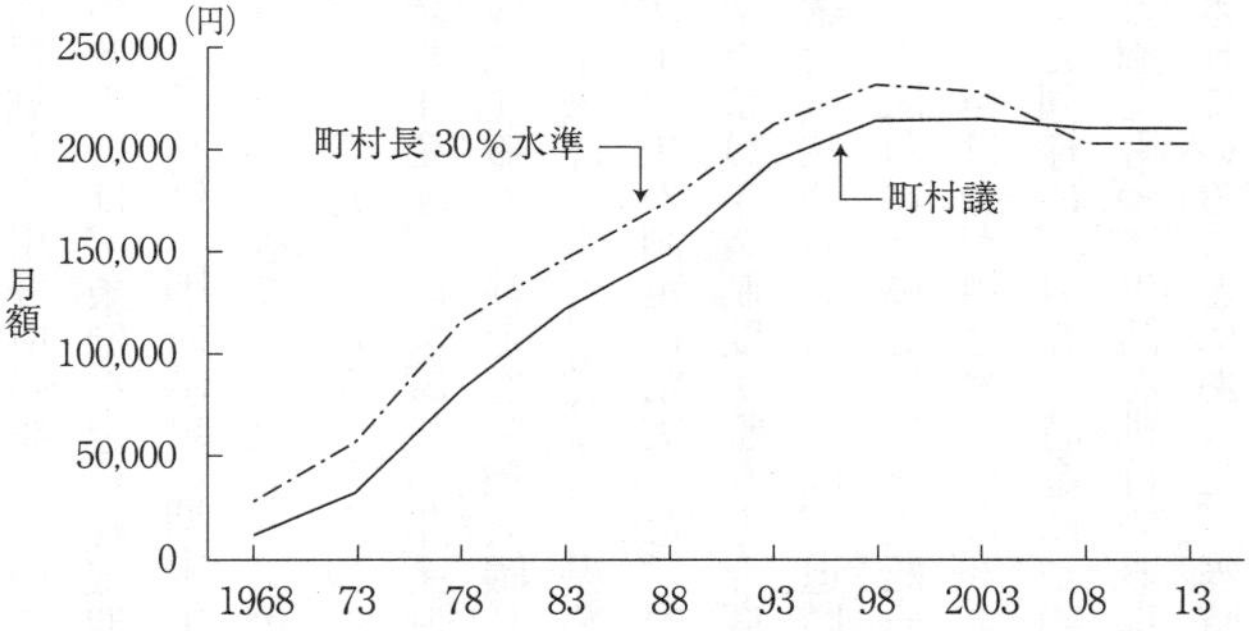

出典：堀内（2016）

になった。

もっとも町村については、議員を専門（専業）職的に位置づける論者がほとんどいなかった。そのため、全国町村議会議長会政策審議会『議員報酬のあり方について』（１９７８年）において、同じ公選職である首長の給与の３割を報酬とするのが標準であるとするモデルが提示されるに至った。以後今日まで、自治体ごとに多様化しているはずの議員の性質や働きぶりについて顧みられることなく、議員の報酬水準は町村長の30％前後で推移する（図表４－７）。

費用弁償・期末手当・年金・退職金

先述したように、１９４７年制定の地方自治法第２０３条は、選挙管理委員会委員、監査委員などとともに、地方議員に対する報酬を支給する義務を規定するとともに、職務上必要な費用の弁償も行えること、さらに報酬と費用弁償の額については条例で決めることも併せて定めたものである。1956年の改正では、条例を定めれば期末手当を支払うことができるとされた。先の堀内（2016）によれば、国会議員に期末手当が支払われているのと同様に地方議員にも期末手当を支払うことができるようにしたものの、自治庁（当時）は、議員を名誉職的なものでない形にしたとは考えていなかったとのことである。

議員年金も、国会議員の年金制度を参考に設計された。1958年に国会議員互助年金法が成立すると、都道府県議会議長会が地方議員への年金制度導入に向けて陳情を行い、1961年には、「議員及びその遺族の生活の安定に資する」ことを目的とする、地方議会議員互助年金法の制定に結実した。翌年には、地方公務員等共済組合法に統合された。

地方議員年金制度が整うと今度は、全国都道府県議会議長会、全国市議会議長会、全国町村議会議長会の3議長会は、退職一時金制度の創設に向けて運動を開始した。議員年金は12年以上議員に在職しないと受給資格がないため、要件を満たすよりも前に退職した議員にとっては掛け金が掛け捨てになっていたことが問題だった。当初自治庁は、議員年金創設に対してと同様に、退職一時金についても消極的な態度を示していた。その根拠はやはり、議員が報酬をもって生活を維持する専門職ではなく、別に生計を維持するための職をもつことが許されていることにあった。当時国会議員にも退職一時金制度は存在しなかったが、3議長会は政府に対して、国会議員についても退職一時金制度を設けるようにもちかけ、地方議員への退職一時金制度導入を議員立法するよう提案した。結果、1960年に自治庁から昇格した自治省は、自治体の財政負担を増大させないことを条件に、議長会側の要望を飲んだ。1965年の地方公務員等共済組合法改正案が内閣提出法案として提出され、可決されるに至った。

まとめると、議会側は議員職を「専門職」として捉える傾向が強く、だからこそ国会議員に近い処遇を求め、その実現に寄与してきた一方、自治庁・自治省側は、少なくとも1960年代頃までは、議員職を「専門職」と位置づけない姿勢を示してきた。国会議員の退職一時金制度は1968年に定められたが、国会議員互助年金法自体が2006年に廃止されると、地方議員の年金制度も2011年には廃止されることになった。

議員報酬の実態

それでは、議員報酬はどの程度の額となっているのだろうか。都道府県議会議員から見てみよう。多くの自治体では、「議員報酬及び費用弁償等に関する条例」のなかで、議員報酬の額を規定しているが、他の特別職公務員（知事・副知事や教育長ら）と同じ条例のなかで定めている自治体もある。この議員報酬条例において定められた額は、最低で沖縄県の月額75

図表４－８　人口段階、東京23区、政令市別にみた市議会議員の平均報酬月額

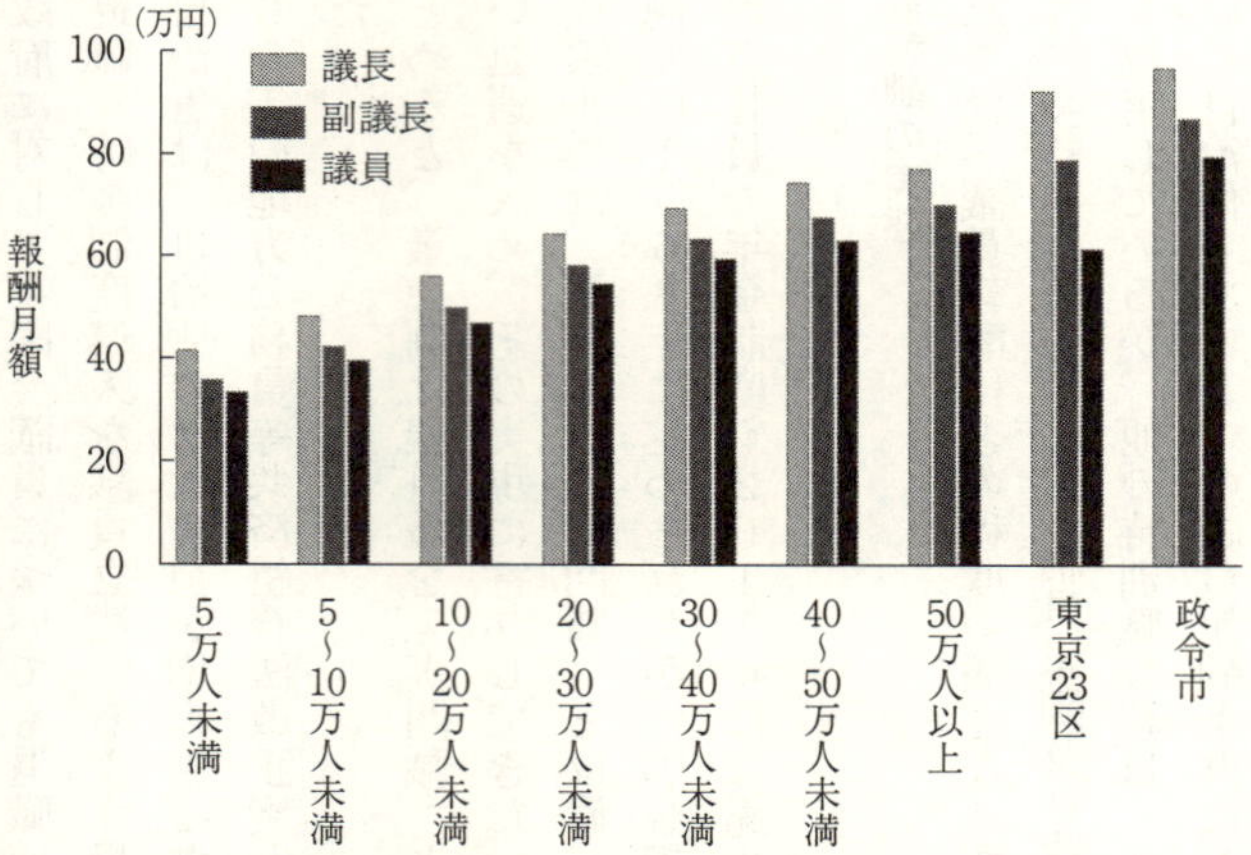

出典：「市議会議員報酬に関する調査結果（平成29年12月31日現在）」

万円、最高で東京都の月額１０２万２００円、平均が約83万円となっている（各都道府県の２０１８年9月15日記載例規集を確認）。人口が２００万人を超えるような大規模な都道府県で90万円台、そうでない県で80万円前後となっている。副議長や議長になると、報酬月額が数万円から二十数万円上乗せされる。これ以外に期末手当が支給されるため、たとえば北海道議会議員の年収はおよそ１５０万円となる。もっとも、厳しい財政状況のために、「議員報酬の特例に関する条例」を定め、在職中の議員任期中であるとか、一定の年度を区切って、議員報酬月額の数％から3割ほどをカットしている例も多数見られる。

C：(議員報酬〔年収〕)＝a_1×(当該自治体人口)＋a_2×(当該自治体財政力指数)＋b(定数)
D：(議員報酬〔年収〕)＝
4.97(28.1)×(当該自治体人口)＋2980000(15.7)×(当該自治体財政力指数)＋4350000(35.3)
括弧内はｔ値,決定係数＝0.637

続いて、市区議会議員についてである。全国市議会議長会『市議会議員報酬に関する調査結果（2017年12月31日現在）』によれば、議員報酬月額の平均は、約42万円であり、議長や副議長に就くと数万円から十数万円ほど上乗せがなされる。最高が国内最大人口を擁する横浜市で95万3000円であり、上位には人口概ね70万人以上の政令市が多数並ぶ。他方、最低は財政再生団体に指定されている北海道夕張《ゆうばり》市の18万円であり、人口最少の市である北海道歌志内市は夕張市に次いで低い24万3000円となっている。図表4－8は、人口規模と議員報酬月額との関係を見たものであるが、やはり人口規模が小さくなるほど議員報酬も少なくなる傾向にある。

このデータから、各市別に議員の年収を計算しても、基本的に同様の傾向を見出すことができる。最高額は横浜市の約1650万円であるのに対して、最低額は夕張市の約260万円であり、横浜市議会議員は夕張市議会議員の6倍以上の議員報酬を得ている計算になる。たとえ夕張市の例が極端なものであったとしても、それでも下から2番目の高知県室戸《むろと》市や前掲の歌志内市などでは年収が400万円に満たず、これだけで生計を立てるのは正直なところ厳しいといわざるをえない。つまり、同じ議員報酬でありながらも、市によって状況は千差万別なのである。

もう少し掘り下げてみよう。議員定数の規定要因を検討したときと同様に、議員報酬に人口規模や自治体の財政状況が影響を及ぼしているかを確認する。８１４の市と特別区を対象に、式Cとして回帰分析を行い、a_1とa_2を推定してみよう。すると、式Dとの結果が出た。つまり、人口が１万人増えるごとに議員報酬の年額は５万円弱増加し、財政力指数が０・１高いとそれだけでも30万円弱年収が高くなることが、ここからわかる。財政状況の悪い自治体では、議員報酬も抑制せざるをえないのである。

矢祭町の日当制

それでは町村議会ではどうか。２０１８年７月現在の平均議員報酬月額（矢祭町を除く）は21万５０００円ほどで、議長であっても30万円には届いていない。議員報酬月額の最高額は神奈川県葉山町《はやままち》の40万円である一方、東京都御蔵島村《みくらじまむら》では10万円しか支給されない。

福島県矢祭町《やまつりまち》議会について特記しておきたい。２００１年10月に他の市町村と「合併しない宣言」を全会一致で議決した矢祭町議会は、翌年に議員定数を18から10に削減する条例案を可決した。さらに、２００７年には、それまで議員１人当たり月額20万８０００円（期末手当を含めた年額では約３３０万円）支給していた議員報酬を日当制（日額３万円）に変更する議案が議員により提出された。期末手当も廃止し、議会定例会や臨時会、その他行事に出席する日数を年間30日とカウントすれば、議員1人当たりの支給年額を、90万円に減額することができ、総額で約2500万円を削減できるというのである。この議案に対しては、「日当制を認めると、議会は資産家のサロンになってしまう」、「議員報酬は議会制民主主義を守るためのコストで、住民自治のための活動費だ。議員はしっかりと調査・研究して町側に質問しなければならず、日当制では十分とはいえない」といった反対論も出たものの、賛成多数で可決され、新しい議員任期が始まる翌2008年3月31日から適用された。その8年後、2016年3月の町議選では、候補者の過半数が日当制の「見直し」もしくは「廃止」すべきとする見解をもっていたものの（「朝日新聞」2016年3月31日付）、現在もなお、この議員報酬の日当制は継続されている。

とはいえ、矢祭町に続く議会はその後現れなかった。矢祭町を除く926町村のうち344町村で議員報酬月額が20万円を切る状況にありながらも、議員報酬の月額支給は続けられている。

議員報酬をどう考えるか

以上見てきたように、各自治体の議員報酬そのものについては、地方自治法において一律に位置づけが与えられながらも、その実態は都道府県、市区町村によって大きく異なることが確認できた。一時的に議員報酬をカットする減額条例の適用を受けてもなお、生計を立てることができる都道府県や大規模市と、他に職業をもっていないと生活することが非常に困難な、つまり兼業を余儀なくされる小規模自治体とが、「議員報酬」という一つの制度において併存しているのである。

第2章で議会過程について見たことからわかるように、審議すべき議案数には違いがあり、議員活動に費やされる時間は自治体の規模によって異なる一方で、法制度上議員に求められている役割は、大規模自治体であろうが小規模自治体であろうが、基本的には変わらない。だが、自治体によって議員報酬にこれだけの差が現れていることをどう考えるべきだろうか。特に町村議会議員については、先に見たように、町村長の3割ほどの議員報酬しか得られていない現状がある。それで議員としての役割を果たせるのだろうか。先の日当制を定めた矢祭町議会の各議員（当時）にも、農業や建材業といった副業があったとのことである（「朝日新聞」2007年12月20日付）。既に見た議員活動の実態とも重ね合わせながら、議員報酬のあり方について考えるべきではないだろうか。

第3節　政務活動費

架空チラシ事件

２０１４年11月、ある大阪府堺市議会議員Xの政務活動費の使途をめぐり、住民監査請求がなされた。前年度の人件費やチラシ印刷代、ポスティング代等について、その使い方や額に不審な点があるという理由からである。監査委員は監査を行い、同年12月に次のような勧告を出した。すなわち、雇用実態、勤務実態等が確認できなかったり、そもそも政務活動費を充てることができる経費とは認められなかったにもかかわらず、人件費やアルバイト代など政務活動費として支出されていた２４７万円余りの返還と、民法第７０９条（不法行為）に基づく損害賠償請求としての損害遅延金の支払いを、市長はXに対して請求すべきだと勧告したのである。

この勧告に基づき、翌２０１５年1月、市長はXに対して２４７万円余りの支払いを、２月には遅延利息9万円余りの支払いを、それぞれ請求した。Xは同年3月までにいずれについても満額の支払いを行ったが、この問題はこれで終わりではなかった。同年9月、再びXに対する住民監査請求がなされた。２０１４年度までの4年分の政務活動費、約１０６０万円を返還するよう市長はXに勧告すべきだというのだ。請求書では、計30万部以上配布したとされるチラシについて、印刷の金額と配布枚数に食い違いがあると指摘がなされ、さらに同年6月に同市北区の住民79人に聞いたところ、78人が当該チラシを「見ていない」と答えたとの記述もあった。

同年10月、このチラシ問題はメディアにも大きく報道されることになる。なんと、チラシ作成・印刷及びポスティングを委託された業者がほとんどの印刷とすべてのポスティングをしていなかったにもかかわらず、2011年度からの4年間の政務活動費から印刷、配布代として大金が支出されていたことがわかったのである。監査委員は、先の住民監査請求について、4年間にXによって支出された政務活動費1300万円余りのうち約29万円分だけを「適切」とし、架空チラシの印刷や人件費等にかかる経費約1040万円についてはXに返還を請求するよう市長に勧告した。市長はこの勧告に基づき、Xに対してこの総額を返還するよう請求した。Xはこの年の11月末に約400万円余りを返還したものの、残りの約635万円については「実態があり適切な支出だった」として、市に対して処分の取消を求める異議を申し立てたが、翌2016年3月、棄却された。

百条委員会での調査

一方堺市議会では、２０１５年10月、Ｘやかつて Ｘの秘書を務めておりそのときには堺市議となっていた議員Ｙに対し、正副議長と議会運営委員会正副委員長がヒアリングを行った。さらに12月には、Ｘ議員に対する政務活動費支出に関する刑事告訴を求める決議が可決されるとともに、地方自治法第１００条に基づく、政務活動費調査特別委員会が設置された。第１章でも述べたように、この地方自治法第１００条に基づく委員会の調査権は、一般に「百条調査権」と呼ばれる。自治体の事務について調査を行い、特に必要があると認めるときには、関係人の出頭・証言や記録の提出を求めることができ、関係人が正当な理由なく証言等を拒んだ場合には、議会の告発によって６ヶ月以内の禁錮または10万円以下の罰金が科され、虚偽の陳述をした場合には３ヶ月以上５年以下の禁錮に処せられるというものである。

この２議員に対する委員会の証人尋問は、翌２０１６年２月から数次にわたって行われた。だが、初めての証人尋問が行われる直前に、虚偽公文書作成罪、同行使罪、同詐欺罪に当たるとして市長が提出した、政務調査費・政務活動費を詐取したとするＸに対する告訴状が、警察に受理されていた。そのためＸは、地方自治法第１００条第２項が準用する、民事訴訟法第１９６条の規定にある「証言が証人又は証人と次に掲げる関係を有する者が刑事訴追を受け、又は有罪判決を受けるおそれがある事項に関するときは、証人は、証言を拒むことができる」場合に該当するとして、証言を拒否した。そのため、委員会による調査は、ほとんどがYに対する証人尋問に終始した。また、チラシ印刷やポスティング等を請け負ったとされる関係者2名に対する証人尋問も行おうとしたものの、この2名とも出頭しなかったため、2017年3月にこの2名について警察に告発し受理された。

委員会は同年5月に終結し、報告書のなかで、X議員・Y議員ともに当事者意識に欠け、説明責任を果たす姿勢が見えないこと、そしてチラシが印刷・ポスティングされなかった疑惑が深まったことが指摘された。同月、市議会は両議員に対する辞職勧告決議を行った。

事件のその後

2016年5月、市長は、議会の同意を承けて、Xに対する政務活動費返還請求訴訟の提起を行った。一方でXは、先に異議申立が棄却されていた、政務活動費の返還請求処分の取消を求める訴えを起こし、この二つの裁判は併合審理されることとなった。

翌年8月、辞職勧告決議から約2ヶ月後になってYが議員辞職した。そしてXも、2018年3月に議員を辞職した。さらに翌月、X側が市の請求をすべて認める手続きをとり、600万円を超える政務活動費が全額返還された。またXや百条委員会に出頭しなかった2名については不起訴処分となり、訴訟は終結した。

堺市議会では、2015年度から、政務活動費の領収書等書類確認のために事務局職員を増員するとともに、第三者による政務活動費の検査も始めた。しかし、今なお多くの自治体で、議員の政務活動費についての住民監査請求が見られる。

政務活動費制度の由来

このように見てくると、政務活動費はそもそも何のためにあるのか、議員の私腹を肥やすだけなのかと思えてくるかもしれない。ある神戸市会議員も同様に架空チラシを発行し政務活動費を詐取したとして起訴され、2018年10月に地裁は有罪判決を下した。富山市議会では、2016年から2017年にかけて、政務活動費の不正受給を理由とした辞職者が14人にも上り、2016年11月には市議補選を行わざるをえない状況にまで追い込まれた。だが、政務活動費は、十全な議員活動を行うためには、活用してこそ意義のあるお金である。過去の歴史から政務活動費の趣旨を考えてみよう。

地方自治法制定当時、自治体のなかには、議員に対して報酬と費用弁償以外にも、法に明文上の規定がない通信費、交通費、調査研究費、退職金、弔慰金などを支給していたところがあった。しかし1956年の地方自治法改正によって制度の統一が図られ、常勤・非常勤もしくは特別職・一般職を問わず、給与その他の給付は、法律もしくは条例に基づかないいかぎりいかなる支給もできないとして禁止された（自治法204条の2）。これにより、それまで議員個人に対して給付されていた調査研究費も支給できなくなったため、会派に対して交付金として支給されることになった。この、議会会派に対する調査研究費の支給は、1993年の地裁判決においても「国会における各会派に対する立法事務費法と実質的に何ら変わるところはなく、公益性がある」として適法とされた。つまり、同法第232条の2、「地方公共団体は、その公益上必要がある場合においては、寄附又は補助をすることができる」とする条文に違反しないと判断されたのである。

とはいえ、会派への調査研究費の位置づけは不明確なままであった。会派交付金という形態が補助金としての性格をもつため、支給の可否等を決められる裁量が首長にあることが、二元代表制の観点からは問題であった。また、法的位置づけが与えられていないがゆえに、調査研究費がどのように使われたか検証できないという課題もあった。

さはさりながら、2000年6月現在で、すべての都道府県と671市のうち502市において既に、県政調査交付金、市政調査交付金、会派調査研究費などといった費目として、支給がなされてきたという実態があった。そのような経緯から、その前年に全国都道府県議会議長会が「議員活動の基盤の強化に関する要望」活動を国会や自治省（当時）等に対して行い、全国市議会議長会も「要望書」をとりまとめて、「地方議会議員の政策立案・調査研究に資するため……政務調査交付金の支出について法的根拠を設ける」よう、やはり国会や自治省等に対して要望活動を行っていた。これが法制化に結実し、2000年の地方自治法改正による、「政務調査費」の法定化につながった（翌年4月1日施行）。

政務調査費から政務活動費へ

2000年の地方自治法改正により、同法第100条第12項（当時）は次のように政務調査費を規定した。

「普通地方公共団体は、条例の定めるところにより、その議会の議員の調査研究に資するため必要な経費の一部として、その議会における会派又は議員に対し、政務調査費を交付することができる。この場合において、当該政務調査費の交付の対象、額及び交付の方法は、条例で定めなければならない。」

つまり、議員活動上必要な調査研究のための経費として、議員は政務調査費の支給を受けることができ、その対象や額、交付方法については当該自治体の定めた条例に従うものとされた。これにより、各議員が調査研究のための金銭を堂々と受け取ることが可能になったが、全国都道府県議会議長会に置かれた都道府県議会制度研究会では、さらなる使途拡大を求める声が聞かれた。２００７年４月にとりまとめられた「自治体議会議員の新たな位置付け」では、「議員からは住民意思の把握等広範な議員活動にも充当できる経費の支給を求める声があがっている」と指摘され、「制度の再編を含めた検討」の余地があると提案された。さらに２０１０年に同議長会は、「議会機能の充実強化を求める緊急要請」のなかで、調査研究活動に特化されている政務調査費制度を見直し、幅広い議員活動または会派活動に充てることができるよう、地方自治法の改正を求めた。

これを承け、翌年には総務省内でも検討が始まり、他方で同議長会の働きかけを受けた自民党内でも制度検討のためのプロジェクトチームが発足した。また、都道府県議会議長会だけでなく全国市議会議長会、全国町村議会議長会も歩調を合わせ、自民党ほか各方面への働きかけを強めた。また当時の民主党政権における片山善博総務相（当時）も、透明性と説明責任の確保こそが重要であり、使途の拡大については問題視していなかった（勢籏２０１５）。その結果、最終的にこの３議長会の活動は稔《みの》った。２０１２年に政府が提出した地方自治法改正案について、「政務調査費」を「政務活動費」へと使途を拡大する議員修正が加えられ、民主・自民・公明等各党によって衆参両院で可決された。

２０１２年の改正後の同法第１１０条第14項は以下のとおりである。

図表4－9　政務調査費と政務活動費の対象経費

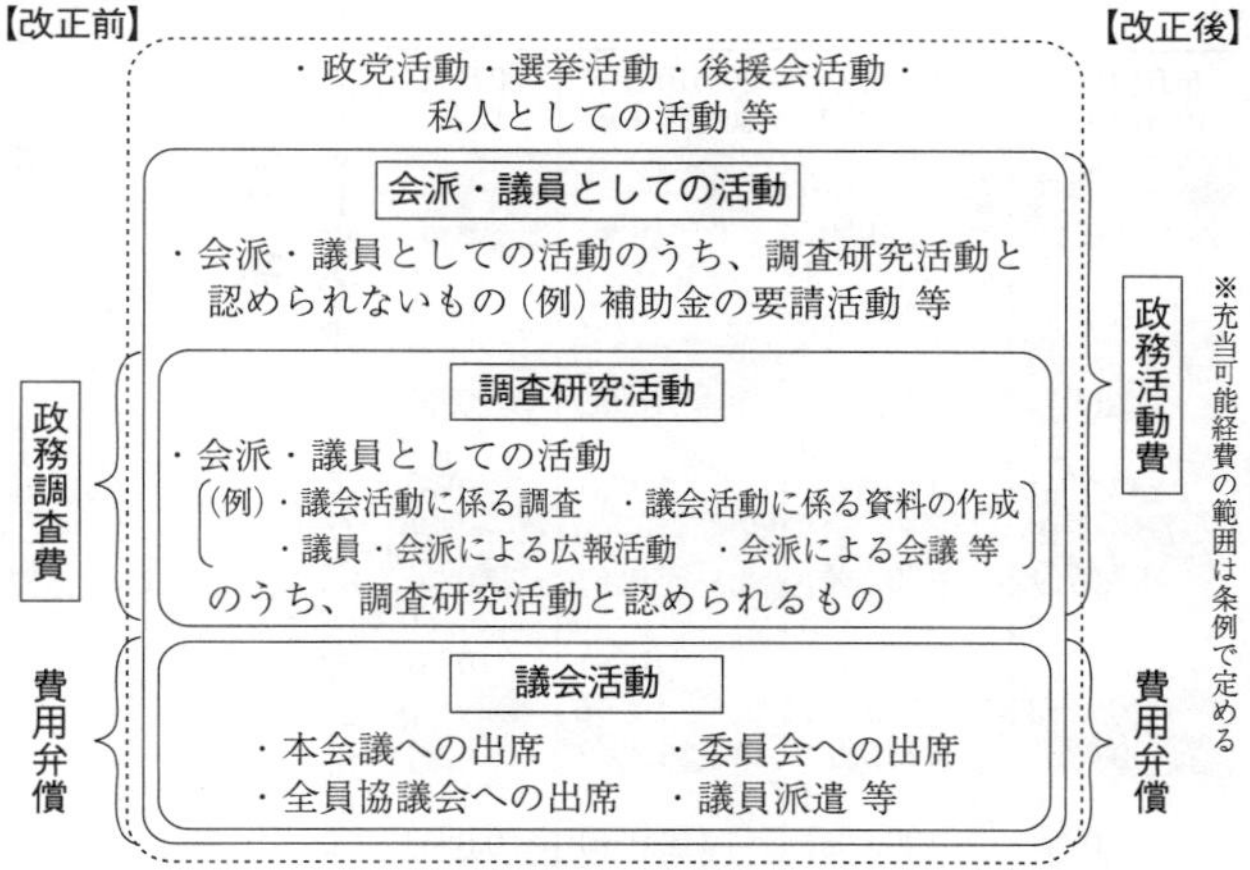

出典：総務省ホームページ（http://www.soumu.go.jp/main_content/000376781.pdf）より引用

「普通地方公共団体は、条例の定めるところにより、その議会の議員の調査研究その他の活動に資するため必要な経費の一部として、その議会における会派又は議員に対し、政務活動費を交付することができる。この場合において、当該政務活動費の交付の対象、額及び交付の方法並びに当該政務活動費を充てることができる経費の範囲は、条例で定めなければならない。」（傍線部分が変更箇所）

すなわち、調査研究以外にも、中央省庁への補助金の要請活動などにも政務活動費を充当できるようになり（図表4－9参照）、どの範囲まで充てることが可能かどうかも、各自治体で定める条例に依拠することとされた。議会が自らコントロールできる、交付金としての性格が強まったのである（吉田２０１６）。

政務活動費の額

第１章第１節で述べたように、国会議員には１人当たり月額65万円の立法事務費が所属会派に交付されている。では自治体の政務活動費の支給状況はどうなっているだろうか。政務活動費を支給する自治体は「政務活動費の交付に関する条例」を定め、そのなかで交付月額を規定している。都道府県では、最低が徳島県の20万円、最高が大阪府の59万円（ただし会派所属議員に限る）となっている（各都道府県の２０１８年９月15日記載例規集を確認）。人口が２００万人を超える自

5万円以上 10万円未満	10万円以上 20万円未満	20万円以上 30万円未満	30万円 以上
0 (0%)	0 (0%)	0 (0%)	0 (0%)
8 (3.4%)	1 (0.4%)	0 (0%)	0 (0%)
23 (15.0%)	2 (1.3%)	0 (0%)	0 (0%)
21 (45.7%)	9 (19.6%)	1 (2.2%)	0 (0%)
15 (53.6%)	11 (39.3%)	0 (0%)	0 (0%)
8 (36.4%)	13 (59.1%)	0 (0%)	0 (0%)
3 (20.0%)	7 (46.7%)	5 (33.3%)	0 (0%)
0 (0%)	4 (20.0%)	2 (10.0%)	14 (70.0%)
78 (10.9%)	47 (6.5%)	8 (1.1%)	14 (1.9%)

図表４－10　政務活動費の議員１人当たり交付月額（平成29年12月31日現在。単位：市の数）

人口段階別（市の数）	１万円未満	１万円以上２万円未満	２万円以上３万円未満	３万円以上５万円未満
５万人未満（201）	37（18.4%）	98（48.8%）	45（22.4%）	21（10.4%）
５～10万人未満（233）	7（3.0%）	118（50.6%）	71（30.5%）	28（12.0%）
10～20万人未満（153）	2（1.3%）	22（14.4%）	49（32.0%）	55（35.9%）
20～30万人未満（46）	0（0%）	0（0%）	4（8.7%）	11（23.9%）
30～40万人未満（28）	0（0%）	0（0%）	0（0%）	2（7.1%）
40～50万人未満（22）	0（0%）	0（0%）	0（0%）	1（4.5%）
50万人以上（15）	0（0%）	0（0%）	0（0%）	0（0%）
指定都市（20）	0（0%）	0（0%）	0（0%）	0（0%）
全市（718）	46（6.4%）	238（33.1%）	169（23.5%）	118（16.4%）

出典：全国市議会議長会『市議会の活動に関する実態調査結果：平成29年中』

治体では支給額が月額40万円超となっているところが多い一方、１００万人台もしくはそれ以下の場合には30万円前後の支給額となっている。47都道府県で平均すれば、約35万円の政務活動費を各議員は毎月受給している計算となる。

それに対して市区レベルはどうだろうか。２０１７年末現在、８１４市区のうち、政務活動費を交付しているのが７１８ある一方、交付していない、もしくは交付を凍結しているなどといった自治体が96ある。不交付自治体は特に人口５万人未満の市に集中しており（70市）、人口20万人以上の自治体で不交付となっている自治体はない。そして交付月額については、図表4-10がわかりやすい。政令指定都市20市のうち14市では30万円以上の交付額となっている一方、人口10万人を切る自治体ではその半数以上が月2万円未満に集中している。

そして町村であるが、2018年7月現在、政務活動費を交付している自治体は全体の約2割、189町村に過ぎず、残りの738自治体は交付していないし、交付していてもその平均月額は9465円と、1万円を切る状態である。

つまりこのことは、議員報酬同様、政務活動費についても、自治体ごとに支給状況は千差万別であり、人口規模が大きな都道府県や政令指定都市では潤沢な政務活動費が支給されている一方、小規模自治体では議員活動を行うのに必要な政務活動費の支給がなされていないことを示している。

もう少し深入りして考えてみよう。先に見たように、議員報酬についても、大規模自治体では生活給に見合うだけの額が支給されているが、町村や小さな市では他に職業をもたないと生活できない状態にある。さらに、政務活動費についても、小規模自治体では少額の支給に留まるか支給されない状況である。もし、小規模自治体において、十全な議会活動をしようとすると、何が求められるだろうか。政務活動費が少ないもしくはゼロであると、他自治体の先進事例の調査をするためには、議員報酬から出費しなければならなくなる。しかもその議員報酬も十分な額ではないため、結局のところ、裕福な人でポケットマネーがたくさんある人しか、しっかりとした議員活動ができない、ということを示唆している。

そもそも、議員報酬と政務活動費とは、性格が大きく異なるものである。図表4－9で示されているように、議員活動を行ううえで必要な調査や住民への広報、さらには政策実現に向けての陳情活動などに使われるのが政務活動費であって、職責を果たすのに必要不可欠なものだと考えるべきだろう。たしかに、後述するように、どれほどの額を何に充当するのが適正かについては議論のあるところだろう。とはいえ、ここ数年一部の議会に見られる、政務活動費廃止の動きは、議会活動の否定であるように、筆者には見受けられる。要は、身銭を切って議員活動せよというようなものであり、逆にいうと、実入りを多くしたい議員にとっては議員活動をしない方が得をするということになってしまうからである。

政務活動費については様々な議論がなされているが、そもそも何のためのお金なのか、見つめ直す必要がある。

「本末転倒」の使用実態

それでは、政務活動費の使途について見てみよう。図表4－11は、2017年度の東京都議会における政務活動費の支出内訳である。東京都議会では、同年度から政務活動費の支給

図表4－11　2017年度東京都議会政務活動費支出内訳

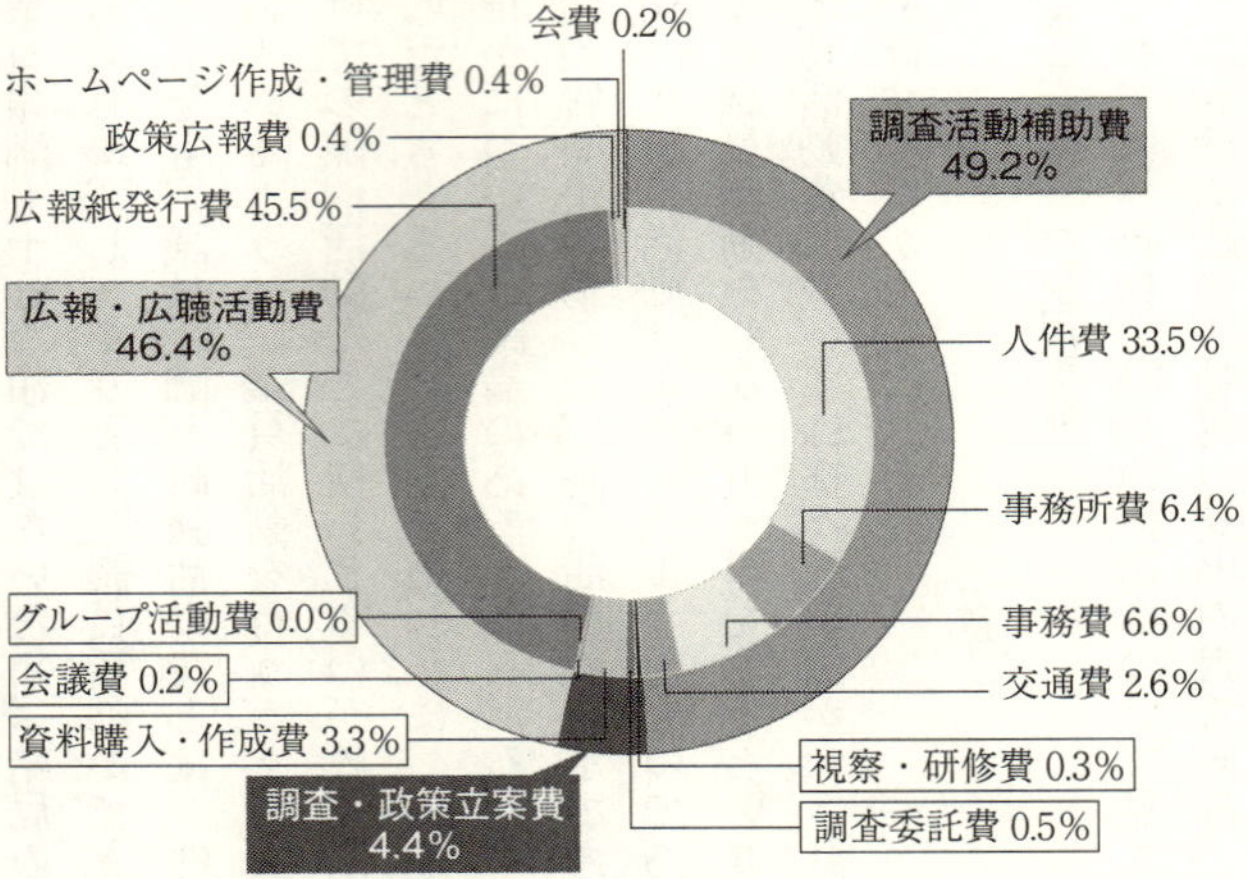

出典：東京都議会 HP「平成29年度政務活動費収支一覧表」（https://www.gikai.metro.tokyo.jp/informationdisclosure/expenditure/pdf/list-29.pdf）から筆者作成

額が月50万円となっており（その前は60万円だった）、127名の議員に対して約7億5800万円が支給されていた。このうち、6億4700万円余りが政務活動費として支出されたが、その半分近くが広報紙発行費として計上され、次いで約3分の1が事務所スタッフなどの人件費として支出されていた。他方で、支給額の15％弱、1億1000万円余りが返戻された。

　東京都議会では、政務活動費を大きく、「調査活動補助費」、「調査・政策立案費」、「広報・広聴活動費」に分類しているが、この図表4－11から見えてくるのは、政務活動の中心を占めるべき「調査・政策立案費」そのものに費やされる額が5％

にも満たないということである。「調査・政策立案費」に該当する小項目が、同図の四角で囲った費目であるが、視察・研修費もわずか0・3％ほどでしかない。ではなぜこのようなことが起こり、一方で広報費と人件費に多額の費用が割かれることになるのか。

一つには、議員による再選に向けた選挙戦略を挙げることができる。政治家には、「再選」「昇進」「政策」の三つの目標があるといわれており、このなかでももっとも重要なのが「再選」である。「再選」しないかぎり、議会内での役職も上がらないし、政策も実現できないからである。そして、再選するためには、よくいわれるように、「地盤」、「看板」、「カバン（金銭）」の三つの「バン」が必要だといわれる。有権者に知ってもらうためにも、つまり「看板」としての価値を高めるためにも、議員自身がどのような活動をし、どのような地元利益をもたらしてきたかを、広報において知らしめなければならない。そのために、多額の費用をかけて、場合によっては紙面デザインにも工夫を凝らしながら、大量の広報紙を印刷し、地元の有権者に配布する。

調査や政策立案以外に金銭が費消されるもう一つの理由は、政務活動費の使用実態の透明性確保のための「手間」であると考えられる。先述したように、2012年の地方自治法改正により、「政務調査費」が「政務活動費」に改められたのと同時に、議長に対して、政務活動費の使途の透明性確保を求める条文が追加された（同法第100条第16項）。それもあって、今や政務活動費に支出した際の領収書のインターネット公開も当たり前になりつつある。このネット公開に当たっては、各議員は領収書等証憑《しょうひょう》資料の整理やナンバリング、台帳への貼付、議会事務局への提出が必要になる。当然のことながら、政務活動費の額も大きいと領収書の枚数も嵩《かさ》むため、議員1人の手ではとうてい追いつかない。というよりも、議員自身がそのような作業を行っていると肝腎《かんじん》の議員活動ができなくなるため、部屋を借り人を雇用して領収書の整理業務に当たらせることになる。その結果、人件費や事務所費などといった「調査活動補助費」が膨らんでしまうことになるのである（当然のことながら、この領収書をチェックする事務局職員体制の「充実」も求められることになる）。

あるべき使途

もっとも、小規模自治体ではそうはいかない。人口8万人超の愛知県蒲郡《がまごおり》市議会において2017年度に支給された政務活動費（1人当たり年額29万円支給）のうち、もっとも高い割合だったのは広報費であったが（57・7％）、その次は研修費の26・2％であったし、人口約2万人の北海道美幌町《びほろちょう》議会では同年度に支給された政務活動費（1人当たり月額2万円支給）でもっとも多かった支出項目は研修費の43・2％であった。つまり、人口規模が小さな自治体では、研修講師を呼んだり他自治体への視察に行ったりするために、政務活動費が積極的に使われている。このことは、政務活動費の有効な活用が他自治体並みの議会運営や施策の実施を促すことを意味しているのであり、自治体全体としての議会と行政の能力の底上げにつながっていることを示している。

しかし、政務活動費・政務調査費をめぐっては、住民監査請求だけでなく住民訴訟もあちらこちらで起こされている。２０１５年の名古屋高裁では、２００９年度に支出された政務調査費（当時）のうち自動車リース代や事務所費の賃借料に充てられた約８１００万円について、その支出が不可欠であるような特別の事情の存在を主張・立証できていないことから、自民・民主（当時）・公明の３会派に返還させるよう、大村秀章《ひであき》知事に命ずる判決が出されている（翌２０１６年最高裁においてこの返還請求命令が確定）。政務活動費に変更されたことで使途が拡大し、また各自治体議会が条例を定めて支出対象となる項目を決定できるため、前述したように、大規模自治体の議員には事務所費や自動車リース代に政務活動費を用いている人もいる。だが本来、政務活動費は議員活動を活性化させ、政策調査・立案するためのものであることを、各議員は強く自覚すべきである。

そして何よりも、政務活動費は使ってナンボのものである。自治体内の現場に関する細かなデータは首長部局の方が大量にもっているものの、新しい政策実例について調べ、視察し、議会での質問の場で活かすことができるのは、一般職職員とは異なる、議員の何よりの醍醐《だいご》味《み》である。当然そのような作業を行うためには、相当のお金が必要であり、そのためにこそ政務活動費は積極的に使われるべきである。場合によっては海外事例を調べる必要も生まれるかもしれない。他方で、書籍や雑誌等を購入して情報を仕入れることも可能である。政務活動費を上手に活用できる議員こそが、議会に求められるべき人材だろう。

第4節　議員専業か名誉職か

国会議員に比べて軽い仕事か

第1章第1節で見たように、国会議員には歳費と立法事務費が支給されるほか、文書通信交通滞在費や特殊乗車券も渡される。そして、充実した国会図書館があるほか、各議院に法制局が置かれ、国会議員による政策立案の手助けをしている。これとは別に、国会議員は、職務遂行のための秘書を2名、政策立案及び立法活動を補佐する秘書を1名雇うことができ(国会法第132条)、それぞれの給料は国庫から支払われることになっている。つまり、国会議員については、政策調査や立法活動を行うための手厚い体制が敷かれている。

それに対して地方議員については、右記のとおり、小規模自治体ほど政務活動に充てる金銭も体制も非常に限られており、議員自らが積極的に政策提案できる状況にあるとは言いがたい。だが、日本の地方議員の仕事はそれほど軽いものなのか。筆者にはそうは思えない。

一つには、審議日数の多さがある。たとえば、第2章で採り上げた大阪府八尾市の例でいえば、2017年の通算会期日数は127日であり、年間の3分の1以上、議会日程に拘束されていることを意味している。これ以外にも閉会中審査や会期外の政務活動費を用いた議員視察などの日数を含めれば、相当な時間が議会活動に費やされている計算になる。通年会期制を採っている場合には、365日すべてが会期ということもある。そして、第2章第3節で見たように、議会外でも積極的な活動をしている議員も多い。2018年までの10年間の国会の平均会期日数が232日であり、この間には「ねじれ国会」や東日本大震災への対応のため、長期間にわたる会期延長がなされた年も含まれるから、それと地方議員のそれとを比べたとき、日本の地方議員の職務の大きさは相当なものであるといえる。

地方政府と活動量

また、日本では、政府部門に占める地方政府（都道府県・市区町村）の機能は国際的に見ても大きい部類に入る。国内総生産に対する政府支出は、国が約4％に過ぎないのに対して自治体はその3倍近く、約11％に達している。このパーセンテージは、連邦制を採用するアメリカやドイツの州も含む下位政府（sub-national government）の国内総生産比支出割合とほとんど差がないし、イギリスやフランスよりも大きい部類に入る（北村・青木・平野2017）。つまり、日本の地方政府の活動量はたいへん大きいのである。それゆえ、自治体の政治家にとっても、お金をどう使うかは非常に大きな関心事であるし、それを最終的に決定できる議会の責務は、非常に重いものとなる。

もちろん、地方政府の支出のすべてが地方政府の徴収する税金や使用料・手数料で賄われているわけではない。国からの移転財源（地方交付税や国庫支出金など）にも依存している。さらには、児童手当や生活保護など、国の法律によって自治体からの支出が義務づけられているものも多い。とはいえ、自治体が独自に支出額を増減できる領域も多い。予算案を提出できるのは首長だけだが、無理のない予算案が提案されているかどうかをチェックするのは議会の役割である。そのように考えると、議会の果たすべき役割は大きく、そのために費やすべき時間も長い。

ましてや、日本の場合には、諸外国と比べて地方政府の歳入に占める地方税収の割合が相当高い（曽我2013）。たしかに税目や税率についての様々な制約が国によって課されており、歳入を賄う税目についてはほとんど自由が利かない。だが、各自治体は、国庫支出金や地方債による歳入とは異なり、地方税で得られた金銭について、その使途を自由に決めることができる。また、全政府支出に占める地方政府の歳出割合も高いため、それだけ自治体財政に対する議会の判断が住民の生活に直結しやすいともいえる。

さらに、２０００年代以降の地方分権改革により、自治体が実施する政策の範囲も拡大し、議員が習熟する必要に迫られる政策領域が増えた（次章第１節参照）。このように考えると、日本の地方議員の仕事、特に予算案に対する議決権の行使は決して軽いものではなく、片手間で済ませるべきものではない。だからこそ、政務活動費はもちろんのこと、議員報酬についても、より充実させる必要がある。名誉職としての位置づけを与えるのではなく、議員報酬だけで生活できるようにしなければ、議員や議会はその役目を十分に果たせなくなる。もし、有権者に議会が十分な役目を果たしていないと見なされれば、定数や議員報酬をより削減すべしとの声がさらに大きくなるだろう。そして議会がそれを受け容《い》れると、議会機能がますます低下するという悪循環に陥るのである。

政策の取捨選択

本章の最後に、冒頭で述べた点に再び立ち戻って考えたい。自治体全体の一般会計に占める議会費の割合が、０・４％に過ぎないということは、それ以外の施策（公債費含む）に99・6％が費やされているということである。借金返済に充てられる公債費や国の制度上実施が義務づけられている行政事務を除いても、自治体独自の判断で実施している事務は多数存在するのだから、政務活動費を積極的に用いて、それら事務の取捨選択を行うことが、地方議会には求められているのではないだろうか。その方が定数や議員報酬を削減するよりも財政効果は上がるかもしれない。自治体に歳入の自治がない（曽我2019）ならばなおいっそう、議会は予算修正権を用いることで歳出の自治を充実させる必要があるだろう。たとえ、議員自身が首長に比べて歳出抑制に消極的な存在であったとしても（曽我・待鳥2007）、議会に求められる役割は大きく、その活動を保障できるだけの議員報酬と政務活動費が必要なのではないだろうか。

＊

本章では、定数・議員報酬・政務活動費など、自治体財政にも影響を及ぼし、住民の関心も高い領域について取り扱った。そして、各自治体の人口規模や財政状況に左右されることを示した一方、議会の役割を認識したうえで、それに見合うだけの議員定数・議員報酬・政務活動費を考える必要があることを指摘した。

次章では、地方分権改革について概観したうえで、議会改革として実行された内容を紹介する。また、有識者によって展開されている、選挙制度や執政制度改革論についても説明し、議会内と議会外とで目指す改革の方向性がすれ違っていることを論ずる。

第5章　議会改革の行方

本章では、日本の自治体及び地方議会に関わる改革について紹介する。まず、地方分権改革が自治体や地方議会に及ぼした影響について概観するとともに、現在進行中である地方議会改革の内容を検討する。これまで述べたように、地方議会の存在意義が問われるなか、議会・議員自らが、情報公開の促進や住民との接点の重視など、総体として議会そのものの強化を目指す改革を行ってきた。これを本書では「内からの」議会改革と呼ぼう。

続いて、総務省内に設置された研究会などで提唱されてきた議会改革論を紹介する。こちらは議会外の有識者による「外からの」議会改革についての主張である。地方議員の選挙制度や執政制度を変革すべしとするこれらの議論は、政党の重要性を確認するものである。

そして最後に、これら「内からの」議会改革と「外からの」議会改革論が目指す方向性がずれていることを指摘し、本書を終えることとする。

第1節　地方分権改革と議会

2000年代に入り自治体をとりまく環境は大きく変化した。地方分権改革の進展である。これにより、自治体の権限が拡大するとともに、地方議会にかかる負荷も大きくなった。そこでまず、現在も続いている地方分権改革の内容を紹介しよう。

第1次地方分権改革の進展

前世紀の終わりから、日本では地方分権改革に向けた動きが見られるようになった。1993年6月に「地方分権の推進に関する決議」が衆参両院において可決され、翌年12月には地方分権推進大綱が閣議決定された。そして、1995年5月に地方分権推進法が成立し、地方分権推進委員会は地方分権改革の具体的な内容を調査・審議した。その勧告を承けて政府は地方分権推進計画を閣議決定し、1999年7月には、475本の関係法律を一括して改正する地方分権一括法の制定にこぎ着けた。

2000年4月に、「地方分権一括法」は施行された。この一括法の施行による地方分権改革は一般に、第1次（地方）分権改革と呼ばれる。この改革の最大の目玉は機関委任事務の廃止であった。機関委任事務とは、国の指揮監督権を残したまま、国の事務の執行を各自治体の首長等に委任するもので、これら事務について地方議会による条例制定権も認められなかった。国と自治体を上下主従の関係に置くものとして批判されたこの機関委任事務は、都道府県の事務の7～8割、市町村の事務の3～4割を占めるともいわれてきた（地方分権推進委員会第1次勧告）。地方議会から見れば、それだけ自治体が執行する事務に関与する余地がなかったということができる。

しかし、第1次分権改革によって機関委任事務は廃止され、その他の区分に属していた事務とともに、自治体の執行する事務は自治事務と法定受託事務とに大別された。また、両者ともに自治体の条例制定権の対象になったことが重要である。法定受託事務とは、法令により自治体が処理することとされる事務のうち、「国（都道府県）が本来果たすべき役割に係るものであって、国（都道府県）においてその適正な処理を特に確保する必要があるものとして法律又はこれに基づく政令に特に定める」事務（地方自治法第2条第9項）である。それ以外の事務は自治事務に分類され（同条第8項）、国の関与は制限され、自治体の自主的な判断がより尊重されることになった。法律単位で561項目あった機関委任事務のうち398

項目が自治事務に振り分けられたことも含めて、地方議会が自治体の事務に積極的に関与できる、もしくは関与しなければならなくなったことを、機関委任事務の廃止は意味した。

三位一体改革の意味

2000年代半ばになると、小泉純一郎政権のイニシアチブの下、税財政にかかる分権改革が行われた。臨時財政対策債も含めた地方交付税の発行額の縮減（2004年度からの3年間で約5・1兆円）、国庫補助負担金の廃止・削減（同じく約4・7兆円）、そして国から地方への税源移譲（同じく約3兆円）の三つを一度に行ったことから、この改革を「三位一体改革」と呼ぶ。

地方交付税は各自治体の置かれた財政状況の厳しさに応じて国から交付されるものであり、農村部ほどそれへの依存度が高い。国庫補助負担金は、各府省が特定事業を遂行するために支出している国庫支出金の一部であり、使途が限定されているために自治を損なうものとして自治体側から批判されていた。そして税源移譲によって、国の歳入の一部が自治体の歳入に切り替わることになったが、税源を豊かにもつ都市部とそうでない農村部とではその意味するところは大きく違った。そもそも税源移譲の総額も、廃止・縮減された国庫補助金の7割ほどでしかなかった。全体として、自治体全体の歳入は減少し、農村部ほどその影響は深刻だった。

とはいえ、三位一体改革によって都市部ほど自治体の財政的な自由度は上昇した。それだけ、お金の使い途について、自治体も議会もそれまで以上に真剣に向き合う必要が高まった。他方で農村部では、いかに効率的に予算を使うかが、以前にも増して大きな課題となった。

現在進行中の第2次地方分権改革

２０００年代後半からの地方分権改革は現在も進行中である。２００６年12月に地方分権改革推進法が制定され、地方分権改革推進委員会の下で新たな地方分権改革の内容が練られた。地方分権改革推進委員会は、自治体への権限移譲をさらに進めることや国による義務付け・枠付けの見直しなどを提唱した。義務付けとは特定の課題に対処すべく自治体に一定の活動を義務化することをいい、枠付けとは自治体の活動についての手続きや判断基準などの枠をはめることをいう。

この委員会が開かれている途中、自民・公明両党による連立政権から民主党を中心とした政権へと政権交代がなされたが、地方分権の流れが滞留することはなかった。２０１０年には、42法律を一括して改正する「第１次一括法」が国会に提出され、衆議院での修正を受けた後、翌年４月に成立した。これにより、たとえば児童福祉施設の設備及び運営に関する基準や公営住宅の整備基準及び収入基準などは、自治体の条例で定めることとなった。2011年8月に成立した「第2次一括法」では、188法律が一括して改正され、公立高等学校の収容定員基準が廃止され、公園等のバリアフリー化構造基準も自治体の条例で定められることになるなど、義務付け・枠付けの見直しと条例制定権の拡大がなされた。また、区域区分、都市再開発方針などの都市計画決定に関する権限が都道府県から政令市に移譲され、家庭用品販売業者への立入検査権限が都道府県から市に移されるなど、基礎自治体への権限移譲も進んだ。

自民・公明連立政権への再度の政権交代はあったが、義務付け・枠付けの見直しについても、都道府県から市区町村への権限移譲についても、自治体側からの権限移譲の提案に基づきながら、検討が続けられた。そして2013年に第3次一括法、2014年に第4次一括法というように、毎年一括法が制定され、2019年までに9次の一括法制定を見ている。

ではこの第2次分権改革の効果をどう考えるべきだろうか。たしかに、義務付け・枠付けの見直しが進んだことによって自治体の自由度と責任が高まったといえる。だが、都道府県からすべての市区町村へ一様に権限移譲されたわけではない。これまでの9次にわたる一括法によって、政令市には病院の開設許可権限や県費負担教職員の給与等の負担・定数の決定・学級編制基準の決定にかかる権限、商工会議所の定款変更の認可権限など、広範な事務や権限が移譲された。人口20万人以上を要件とする中核市には、幼保連携型認定こども園以外の認定こども園の認定等の事務と権限、コンタクトレンズ等販売業等の許可等の権限や、指定障害児通所支援事業者並びに指定障害福祉サービス事業者等の業務管理体制の整備に関する届出の受理、立入検査などの事務・権限が移譲された。その一方で、町村も含めてすべての基礎自治体に移譲された権限は限られている。

つまり、政令市や中核市など中・大規模なところでは、自治体の事務と権限が拡大するとともに、条例制定など議会にかかる負荷もさらに大きくなっている一方、町村においては第2次分権改革の影響は比較的小規模に留まると見ることができる。図表5－1は、道府県・政令市・中核市・市町村・特別区（現行東京23区のみ）それぞれがもつ事務の所掌範囲を示したものである。未熟児の訪問指導権限や工場の緑地面積率等に係る地域準則の制定・事務処理権限など、全ての市区町村に権限が移譲された事務もある一方で、市区町村間の権限のばらつきが大きいことが、ここから確認できる。第2章第2節で見たように、自治体規模の大きさによって議会の審議議案数の違いが生まれているのは、ここに原因を求めることができるのである。

環境	まちづくり	治安・安全・防災
・公害健康被害の補償給付 ・第1種フロン類回収業者の登録	・市街地再開発事業の認可 ・指定区間の1級河川、2級河川の管理	・警察(犯罪捜査、運転免許など)
・建築物用地下水の採取の許可	・区域区分に関する都市計画の決定 ・都市計画区域の指定、マスタープランの作成 ・指定区間外の国道、県道の管理 ・指定区間の1級河川(一部)、2級河川(一部)の管理	
・一般廃棄物処理施設、産業廃棄物処理施設の設置許可 ・煤煙発生施設の設置届出の受理 ・一般粉塵発生施設の設置届出の受理 ・汚水または廃液を排出する特定施設の設置届出の受理	・屋外広告物の条例による設置制限 ・サービス付高齢者向け住宅事業の登録 ・市街化区域または市街化調整区域内の開発行為の許可 ・土地区画整理組合の設立認可	
・一般廃棄物の収集、処理 ・騒音、振動、悪臭を規制する地域の指定、規制基準の設定(市)	・上下水道の設備、管理運営 ・都市計画決定(上下水道関係) ・都市計画決定(上下水道以外) ・市町村道、橋梁の建設、管理 ・準用河川の管理	・消防救急活動 ・災害予防、警戒、防除など ・戸籍、住民基本台帳 ・その他

図表5－1　道府県・政令市・中核市・特別区等の事務処理権限

	保健衛生	福祉	教育
道府県	・精神科病院の設置 ・予防接種の臨時実施 ・麻薬取扱者（一部）の免許	・保育士・介護支援専門員の登録 ・身体障害者更生相談所、知的障害者更生相談所の設置	・私立学校、市町村立高等学校の設置認可 ・高等学校の設置管理
政令市	・精神障害者の入院措置 ・動物取扱業の登録 ・診療所の開設許可 ・病院（病床20床以上）の開設許可	・児童相談所の設置	・県費負担教職員の任免、給与の決定 ・小中学校学級編制基準、教職員定数の決定
中核市	・保健所の設置 ・飲食店営業などの許可 ・温泉の利用許可 ・旅館業、公衆浴場の経営許可	・保育所、養護老人ホームの設置認可、監督 ・介護サービス事業者の指定 ・身体障害者手帳の交付	・県費負担教職員の研修
市町村	・市町村保健センターの設置 ・健康増進事業の実施 ・予防接種の定期実施 ・結核に係る健康診断 ・埋葬・火葬の許可	・保育所の設置運営 ・生活保護（市及び福祉事務所設置町村） ・養護老人ホームの設置、運営 ・障害者自立支援給付 ・介護保険事業 ・国民健康保険事業	・小中学校の設置管理 ・幼稚園の設置運営 ・県費負担教職員の服務監督、勤務成績の評定

出典：北村・青木・平野2017，表7－1を修正。※網掛けは特別区の権限

第2節 「内からの」全自治体・議会機能強化論

前節では、地方分権改革が都市部ほど自治体の権限を拡大し、また、地方議会や議員の負担を増したことを論じた。さらに、三位一体改革によって、地方議員もまた自治体予算の使い方について知恵を働かせる必要がよりいっそう高まったことを指摘した。つまり、議会や議員に求められる役割は、総じて大きくなったのである。しかしながら、第3章で述べたように、地方議会は、政党化すると統一政府の場合には脇役に、分割政府のときには敵役に、そうでなければ住民からは何をしているかわからない存在に、なりやすい。そのようななか、一部の自治体議会は、自ら議会改革の手を打ってきた。これらの改革を「内からの」議会改革と呼び、本節ではその展開と内容について紹介しよう。

議会基本条例の制定

先述したように、2000年4月の地方分権一括法施行は、国と自治体との関係を、少なくとも法律上、それまでの上下・主従の関係から対等な関係へと大きく変化させるものであった。また、地方自治法に第1条の2として新たに条文が挿入され、自治体が、住民の福祉の増進を図ることを基本として、地域における行政を自主的かつ総合的に実施する役割を広く担うことが謳《うた》われた。

このように、自治体の法的位置づけが変化したことに呼応して、「自治基本条例」を制定する自治体も現れた。自治基本条例とは、住民・議会・執行機関それぞれの権利・権限や責務、あるいは情報公開のあり方など当該自治体の組織や運営に関する基本方針について定めた条例であり、「自治体の憲法」と称されることもある。２０００年に制定された北海道ニセコ町の「ニセコ町まちづくり基本条例」がその嚆矢とされ、その後、この自治基本条例を制定する自治体は増加し続けた。ＮＰＯ法人公共政策研究所の調べによれば、２０１９年８月現在、全国３７７の自治体で自治基本条例を制定済みとのことである（http://koukyou-seisaku.com/policy3.html ２０１９年8月17日最終確認）。

さらに、２０００年代後半になると、「議会基本条例」も制定されるようになった。これは、二元代表制の一翼としての地方議会・地方議員が果たすべき使命や、議会の組織と運営の基本方針を規定に織り込んだもので、２００６年に制定した北海道栗山町がその先陣を切った（図表５－２参照）。この議会基本条例は、住民に対しても広く議会が公開されていることをアピールし、合議制代表機関として住民の意思を代表・集約し反映させる役割をもつことを再確認した。また、議会改革の内容をパッケージ化し、推進することを条文に盛り込ん

図表5－2　栗山町議会基本条例の章立て（2016年7月改正後）

第1章	目的
第2章	議会・議員の活動原則
第3章	町民と議会の関係
第4章	町長と議会の関係
第5章	自由討議の拡大
第6章	政務活動費
第7章	議会改革の推進
第8章	議会・議会事務局の体制整備
第9章	議員の身分・待遇、政治倫理
第10章	最高規範性及び見直手続

でいる（廣瀬２０１６）。自治体議会改革フォーラムが調べたところでは、２０１７年4月現在、７９７自治体が議会基本条例を制定しているという（http://www.gikai-kaikaku.net/gikaikaikaku_kihonjourei.html ２０１９年8月17日最終確認）。

このように、自治基本条例よりも数多くの議会基本条例が制定され、その割合は全自治体の45％近くにも上る。また、初めての議会基本条例が制定されてから10年が過ぎ、議会改革も第2段階に入ったと述べる論者もいる（江藤２０１６）。しかしながら、その現状が有権者にどの程度認知されているかというと、甚だ心許ないというのが、筆者の実感である。

議会改革度調査とランキング

三重県議会議員、衆議院議員を経験し、１９９５年から2期8年間三重県知事を務めた北川正恭は、知事退職後の２００３年に早稲田大学に教授として着任した。彼は、政策の達成目標やその実施手段、あるいはその期限や財源などを入れ込んだローカル・マニフェストを地方選挙において提示すべきだと主張した。この「マニフェスト」は同年の新語・流行語大賞を受賞するに至ったが、北川はマニフェスト定着のための運動をその後も続け、2004年には「早稲田大学マニフェスト研究所（以下、マニ研）」を設立し、その初代代表に就いた。

このマニ研に議会改革調査部会が設置され、現在はこの部会が地方議会改革の進展具合をデータ化し、ランク付けを行っている（「議会改革度調査」）。その調査の初回となった2010年の調査では、全国1800弱の自治体議会のうち約4分の3からアンケートによる回答を得て、次の3項目について評価をとりまとめた。一つは、議事録や審議結果等の公開状況を示す「情報公開」である。一つは、議会傍聴のしやすさや議会として住民への説明の機会を設けているかどうかといった「住民参加」である。そしてもう一つは、議会基本条例や政策型条例を制定したかであるとか、議決対象を追加したかといった要素からなる「議会機能の強化」であった。そしてこの初回調査では、長野県松本市議会が全国1位とされた。

以降、マニ研は、設問内容に改良を加えながら、毎年議会改革度調査を行い、1300ないし1500程度の地方議会から回答を得ている（都道府県や特別区の回答率はほぼ100%、市でも9割以上である一方、町村の回答率は6割程度と低い）。2019年6月には、「議会改革度調査2018」のランキングが発表された。かつて「情報公開」とされてきた大項目は2015年版から「情報共有」となり、これに「住民参加」、「（議会の）機能強化」を加えた三つの柱から、議会改革がどの程度進展しているかがデータ化・公開された。このマニ研のプレスリリースによれば、ランキングで上位にある自治体が固定化されつつあること、他方で、かつては下位にあった地方議会のなかにもランキングにおいて大幅にジャンプアップした例もあること、そして政務活動費にかかる領収書のインターネット公開が進みつつあることなどが伝えられた（http://www.maniken.jp/pdf/190604prgikaikaikaku2018.pdf）。

この議会改革度調査ランキングは、『日経グローカル』が行っている「議会活力度ランキング」などとともに、各自治体の議員や議会事務局職員にとって、自慢あるいは悩みの種となっているようで、筆者が接点をもつ議会関係者はほぼすべて、このランキングを気にしているようであった。

「議会改革」の中身

では、地方議会改革において目指しているものは何か。長野（２０１８）に依拠しながら、より詳しく見ることにしよう。

一つは、議会基本条例の制定である。これにより、議会の機能そのものを再認識することができる。近年では、条例に謳《うた》われたとおりの運用がなされているかどうかといった実績評価も重視されてきている。

次に、住民参加を進めることである。たとえば、重要事項を決定する際に利害関係人や学識経験者などから意見を聴く公聴会や参考人招致を実施することや、請願・陳情の提出者として住民が直接議会で説明する機会をもてるようにすることなどが、これに含まれる。他方で、議員複数名で構成された議会のメンバーが自ら各地域の自治会館などに出向いて「意見交換会」・「議会報告会」といった形で住民と対話する機会を設けたり、議会としてパブリックコメントを実施し、議会基本条例やその他の条例に関する住民意見を公募することも、議会改革の一端をなす。

三つ目に、議会における政策討議を充実させることとである。首長部局や教育委員会などに対して問い質す場である常任・特別委員会とは別に、専門性強化のために「政策討論会」などといった場を設けて議員間で話し合う機会を増やしたり、住民や外部有識者も参加できる組織をつくって議会改革についての調査検討を行ったりすることがこれに当たる。また、本会議や委員会で、「一括質問・一括答弁」方式に加えて「一問一答」方式による首長等への質問方法を導入したり、首長等による反問（逆質問）権の行使を認めたりすることも、議会の機能強化につながると考えられている。

そして、四つ目として情報公開を進めることも、議会改革の重要な構成要素である。議案の議決結果だけでなく、会派別あるいは議員別の賛否態度を公開することは、住民にとって議会・議員の考え方を知るための助けとなる。政務活動費にかかる領収書や、本会議だけでなく各種委員会の議事録、あるいは議会に提出された議案などについても、インターネット上などで公開することは、住民の知る権利を保障するうえでも重要な議会改革項目となる。

五つ目は、議会としての政策統御に関する項目である。総合計画などの基本構想を議決対象に含めることや、議会自身が行政の事務事業・施策・政策・計画に対する評価を行うこと、さらには首長提出議案に対する修正案を提出したり否決したりすること、そして議員提案による政策条例を制定することなどが、この項目に含まれる。

最後に、議会改革推進組織を常設することである。すなわち、議会として不断に改革への取り組みを進め、必要に応じて議会の機能や役割を見直すことや、そのような組織への住民参加を積極的に進めることが、議会改革の進展具合を示す一つのメルクマールとなる。

機関としての「議会」重視

では、これら議会の自発的意思によって始まった議会改革の特徴は何だろうか。それは、首長に対峙する機関としての「議会」を重視する考え方である。本書の第1章では、二元代表制における議会の位置づけについて、首長の有する権限と比較しながら論じた。「内からの」議会改革で強調されているのは、議員の有する知識や専門性を充実させ、総体として議会機能を強化することで、議会そのものの存在意義を高める方向性である。逆にいうと、議会内における政党や会派の役割は基本的に関心の埒外《らちがい》にあり、その点は、次節に見る「外からの」改革論と好対照をなす。

もう一つは、議会への住民参画を重視している点である。「内からの」議会改革論が、代議制民主主義を機能させるために議会があることを認識しながらも、いかにして住民に「開かれた」議会とするのかに焦点を当て、情報公開や住民との対話を強調しているところに、その特徴を見出すことができる。

一方で、その一環として、たとえば休日・夜間議会の開催実現が議会改革の一要素として位置づけられているが、これについては議会の専門性強化とは相反する可能性がある。たしかに、議会を休日や夜間に開けば、住民が傍聴しやすくなる側面もある。ただ、地方議員の仕事を専門職と位置づけた場合、休日・夜間だけで十分な審議が尽くされるとは考えにくい。第2章でその活動を見たように、地方議員に様々な業務があることに鑑みれば、議員活動のもっとも中心的な場である議会への出席を片手間に行うようなことになっては、本末転倒ではないだろうか。

第3節 「外からの」大規模自治体・選挙制度改革論

幾度となく設置される研究会

地方議会が批判にさらされてきたことに対して、対策を打ってきたのは議会・議員だけではなかった。自治体の行財政運営を総括する総務省においても、地方議会の役割について検討が行われてきたし、主として有識者を招いた研究会が名称を違えて繰り返し開催されてきた。総務省のホームページには、概ね2000年代以降に開催された、地方行財政や政策評価などに関する研究会の議事内容や提出資料が公開されている（その一部は、国立国会図書館インターネット資料収集保存事業のホームページ（http://warp.da.ndl.go.jp）に移されている）。そのなかで、「地方議会」に関係する研究会のサイトも、多数アップされてきた。

本節では、それぞれの研究会がとりまとめた報告書の概要とその焦点を述べることにする。その際に注目したいのが、第3章で述べた選挙制度と、第1章で触れた執政制度という、二つの基幹的政治制度である（待鳥2015）。これから述べる「外からの」議会改革論が目指すものが、前節で述べた「内からの」議会改革で目指した方向性と相当毛色が異なることが理解できるだろう。

地方議会のあり方に関する研究会

２０１３年８月に、「地方議会のあり方に関する研究会」が発足し、有識者が参加し７回にわたり研究会を開催したうえで、翌年２月に報告書がとりまとめられた。

報告書では、議会が意思決定機能と首長に対する監視機能とをバランスよく果たし、首長との間で緊張関係を保持しながら、地域課題を解決するために政策提案を行う必要があると論じた。また、そのためにも、議会事務局職員の配置や育成による政策立案・法制能力の充実が求められると主張した。

地方議員のあり方について論じた部分では、次のように述べられた。議会の政策形成機能を重視すると、高度な専門性をもつ専業的な議員から構成される議会が志向されるが、この場合には多様な住民の意見を反映することが困難となる。逆に、議員が地域代表性をもつことを重視すれば、比較的多数の兼業的議員からなる議会が志向されるものの、このときには住民意見の集約が難しくなる。そのため、議員を名誉職的なものと位置づけて兼職禁止規定を緩和するか、議員を専業的なものと考えて専門性をもつ少数の議員から議会を構成できるようにするなど、自治体の規模や地域の実情に合わせて議員報酬や議会運営を柔軟に見直すことが必要ではないか、とした。

選挙制度に関する議論では、候補者の党派性が薄かったり明示されないことで、ひとりひとりの政策や信条が把握しにくく、候補者が何を代表してくれるかが住民にわかりにくいという大・中選挙区制の問題が指摘された。他方で、小規模自治体では政策選択の幅が限られており、政党による政策競争はなじみにくいとも考えられるし、そもそも議会の政治的正統性が、地域的な利害をきめ細かく代表することにあるのか、それとも政治的意見や主義・主張を代表することにあるのかといった論点が提示された。そして、人口が20万を超えるような大規模自治体においては、比例代表制の導入や複数の選挙区を市区内に設けるなどの方策を検討してもよいのではないかとの提言がなされた。

地方議会に関する研究会

「地方議会のあり方に関する研究会」の報告書がとりまとめられた直後の2014年7月、地方議会の課題について検討するための「地方議会に関する研究会」が総務省に設置された。この研究会には、「地方議会のあり方に関する研究会」とは違って、全国都道府県議会議長会・全国市議会議長会・全国町村議会議長会それぞれの事務総長も委員として名前を連ねた。

翌年3月にまとめられた報告書では、大規模自治体について、議員数が多いものの議員1人当たりの人口も多いことから、専門職化・政党化が進む一方で議員と住民との結びつきが弱いという欠点があり、住民の多様な意見を的確に把握し、利害調整・意見集約する必要があると指摘した。他方で小規模自治体については、高度な政策立案能力を発揮したり、専門的に掘り下げた形で首長の事務執行全般に対する監視機能を果たしたりすることが困難な場合もあるとした。

さらに、議員による政策立案を支援するための議会事務局の充実や議員研修の実施が求められるとし、議員の多様性確保のために、公務員の立候補制限の緩和や議員との兼職禁止の緩和などが必要ではないかと論じた。行政分野に通じた公務員が議会の一員となれば議会の専門性向上につながりうる一方、公務員の中立性をどのように確保するか、あるいは公務員が長期間職場を離れて議会に出席することが現実的に可能かといった問題を、乗り越える必要があると指摘した。

そしてこの報告書は、政党を、地方政治や地方議会と住民とをつなぐ導管の役割を果たすものとして肯定的に見なした。候補者の競争性が確保され、住民が候補者を的確に判断できるような選挙制度、具体的には比例代表制や自治体内への複数選挙区の設定も検討対象になりうると論じた。

地方議会・議員に関する研究会

2016年11月、地方議員のなり手不足問題に対応する方法を議論するため、「地方議会・議員に関する研究会」の第1回が開催された。法学・政治学を専攻する有識者が委員となり、3議長会関係者は委員に入らなかった。

この研究会での議論は、地方議員の選挙制度に終始した。翌年7月にとりまとめられた報告書の1頁に記載があるように、「純粋に学術的な見地にたち、あるべき地方議会の姿、あるいは住民にとって実効的な代表選択という観点から」議員選挙のあるべき姿について論じ合ったという。

報告書は、地方議会に対する住民の関心低下に対応するために、住民にとって「実効的な代表選択」を可能とする選挙制度が必要であるとしている。すなわち、選択ができるだけ容易であり（投票容易性）、政策について実質的な比較考量が可能であり（比較可能性）、選挙結果について納得でき（納得性）、有権者の投票参加意欲が高まるような（投票環境）、選挙制度を考慮すべきだと主張するのである。

そのうえで、現行の市区町村議会議員選挙において、人口の多寡など多様な実態があるにもかかわらず、政令市を除き市区町村全域を1区とした大選挙区制が一律に採用されていることを問題視する。大選挙区制では当選に必要な最低得票率が極端に低下し、特定の地域や団体などの支持層を固めさえすれば当選できる。そのため、各候補にとって票獲得の対象とならない住民が増加し、それは翻って住民の議会に対する無関心につながっていると論ずる。さらに、大規模自治体では数十人を超えるすべての候補者の政策や経歴、能力などを比較考量できないことから、「納得性」や「投票容易性」、「比較可能性」の点で問題があると、本報告書は述べる。そこで、大選挙区制に替えて、（1）比例代表制の導入、（2）議員定数より少ない複数の候補者に投票でき、候補者間の緩やかなグループ化を促進する、制限連記制の導入、（3）市区町村内への複数の選挙区の設置という三つの代替案を提起している。

都道府県議会議員の選挙制度については、2人区以上が6割を占めるために、候補者本位の選挙が行われ、政策・政党本位の選挙が行われにくいと、報告書は指摘した。つまり、都道府県議会には市区町村議会以上に専門性が求められるにもかかわらず、政策内容を競う選挙となっていないことを問題視している。さらに、選挙区によって定数が大きく異なり、定数1の小選挙区制と定数が2ないし7程度の中選挙区制、そして定数が10を超えるような大選挙区制が同一県内に混在しているため、有権者にとってわかりにくい制度となっており、「納得性」に問題があり、県庁所在市など大選挙区制となっているところでは「投票容易性」や「比較可能性」を困難ならしめているという。さらに、政令市を有する一部の道府県にあっては、道府県の権限の相当部分が政令市に移譲されているにもかかわらず、人口規模の大きい政令市から選出される議員の数がそれ以外の市区町村から選出される議員よりも多くなり、道府県の政策を議論する議員の半数以上が政令市選出という現象も生じてしまっていると述べている。

これらの諸課題から、現行の都道府県議会議員の選挙制度は、「実効的な代表選択」に必要な「納得性」や「投票容易性」、「比較可能性」を欠いた状態であると本報告書は捉え、根本的に変えるよう主張している。具体的には、比例代表制を導入し、地域代表性を確保するために、比例代表制と選挙区制とを併設するか、県内に選挙区を設けてそれぞれの選挙区において比例代表制による代表選出を可能にする制度を導入すればよいと論じている。

選挙制度改革への傾倒

これまで、総務省内に設置された研究会の各報告書を概観してきたが、その多くが地方議員の選挙制度に焦点を当ててきたことが見えてきただろう。この背景に、政治学者からの選挙制度改革論があったことを無視することはできない。砂原（2015）は、日本で政党が組織として活用されなかった理由として、選挙制度の問題があると述べる。つまり、衆議院、参議院そして地方議員選挙で様々な選挙制度が用いられていることが、政党の発展を阻害してきたと主張するのである。

より詳しく見てみよう。現在の衆議院議員選挙で採用している小選挙区比例代表並立制には次のような問題があると主張する。小選挙区制では政権与党に対する是非の評価を投票によって示すことができる一方、比例代表制では多様な意見を政党に代表させることができる。そのため、小政党も、比例区での得票を増やすために、当選が見込めない小選挙区にも候補者を擁立することになり、小選挙区制導入による二大政党化が阻害され、非自民政党の結集を難しくする現象（「汚染効果」）が生じてしまうと述べる。

現行の参議院の選挙制度についても問題視する。つまり、都道府県を基本的に一つの単位とした選挙区制と、非拘束名簿式比例代表制との2本立てになっており（第3章第2節参照）、衆議院における選挙制度とは異なった代表選出のメカニズムをもつ。そのため、衆参両院の間で異なる支持層や狙いをもつ議員が同一政党内に存在することになり、結果として政党が一貫した政策をとりにくくなっていると指摘する。

そして彼は、現行の地方議会の選挙制度を強く批判する。先に見たように、都道府県議会では、定数が1の小選挙区もあれば、政令市を除く県庁所在市のように10を超えるような大選挙区もあり、もたらす効果が全く異なる選挙制度が混在している。政令市を除く市区町村議会では大選挙区制が採用されており、この大選挙区制や都道府県議会議員選挙における中選挙区制では、政党支持に基づく投票ではなく候補者評価に基づく投票が促される。結果として、地方議員選挙が政党間競争となりにくくなるため、政党そのものの価値が損なわれてしまっている、と主張する。これに加えて、都道府県議会では（第3章第2節で述べたように）各市区町村を単位とした選挙区割りが行われているため、定員削減を嫌う現職議員の抵抗を覆すことは難しく、選挙区間の定数不均衡が是正されない傾向にあると述べる。

そこで彼が地方議員選挙について提案するのが、候補者名も投票用紙に書くことができる、非拘束名簿式比例代表制の導入である。政党による組織的な意思決定を可能にするためには、中・大選挙区制は好ましくない。他方で小選挙区制を採用できる可能性もほとんどないため、地方議員が政党を軸に結集できるよう、選挙制度改革を行うべきだと強調するのである。

この、地方議会の選挙制度を変えるべきとする主張には、上記「地方議会・議員に関する研究会」や後述する「町村議会のあり方に関する研究会」のメンバーになっていた待鳥（2017）も同調している。彼は、現状の日本の地方自治体における二元代表制だと、首長を支える必然性がなく、他方で首長に大きな権限と責任を与えているために、議会が無責任化しやすいと論ずる。首長選挙での各党相乗りを含めた事前調整によって議会内与党を形成することも、逆に議会内で多数派形成ができず代替案も用意しないまま議会として首長提案を拒絶することも、いずれもこの執政制度に由来すると述べる。

しかし彼は議会側の権限拡大には否定的である。二元代表制が議会内での多数派形成を促進する性格をもたないため、たとえ議会に予算提案権を認めたとしてもほとんど行使できないだろうと彼は考えている。そのため、いっそ二元代表制を議院内閣制（議会内閣制）に改めて与党議員が首長と協力して説明責任を負うようにするか、あるいは地方議員の選挙制度として小選挙区制か比例代表制を導入し、地方議会の政党化を進め、政党の旗幟《きし》を鮮明にさせることで、有権者が投票先を容易に選択できるようにすべきだと主張するのである。

マルチレベルの選挙制度

これら地方議員選挙制度改革論の背景にあるのは、近年研究が蓄積されつつある、マルチレベルの政治競争をめぐる議論である。ここでいうマルチレベルとは、衆議院と参議院といった二院間関係、あるいは国―都道府県―市区町村といった国自治体間関係を指す。

砂原（2017）は、（旧）民主党が分裂に至り、再び自民党に対抗する勢力になりえなかった原因を、国レベルと自治体レベルの間における政党システムの齟齬に求めた。たしかに、衆議院議員の選挙制度が中選挙区制から小選挙区比例代表並立制へと変更され、1955年体制期に見られた自民党一党優位政党制は揺らいだ。しかしながら、それにかわる「制度化」された政党システムが形成されていないのは、地方政治レベルにおいて、中選挙区制や大選挙区制が採用されているために、地方議会での民主党の勢力伸長が難しくなっているからであるという。さらに、民主党からすれば、政策面で共通しやすい都市部の首長と連携する方向性も考えられたが、地方政府の運営に責任をもつ首長は、個別利益を志向する地方議会の自民党と協力関係を構築する必要にかられた。総じて、二元代表制という執政制度と地方議会の選挙制度が民主党の地方レベルでの発展を阻害したと論ずる。

建林（2017）も、議員行動に焦点を当て、こうしたマルチレベルの議会における選挙制度の混在が、衆議院と参議院の間で政党システムに乖離を引き起こし、結果として政党の発展を阻害していると述べる。彼は、衆議院における1990年代の選挙制度改革が、（1）二大政党化と有権者の政策選択を可能とするシステムの構築、（2）政治家本位の政治から政党本位の政治への転換、（3）政党ラベルと政策パッケージとが結びついた政策本位の政治の実現を目指したものであったと指摘する。しかしながら、国会議員や都道府県議会議員を対象としたアンケート結果の分析から、衆議院で（1）に掲げた内容は達成できたものの、選挙制度が異なる参議院や地方議会が存在するために、（2）や（3）は実現できず、政党執行部の方針から相当程度自律して行動する参議院議員や地方議員が多数見られたことを明らかにしている。

このように、選挙制度改革を強く主張する「外からの」議会改革論の背景には、地方議会議員選挙における政党を軸とした政策競争を求める主張がある。そして、政党の発展のために、国政―地方政治を通じてマルチレベルで選挙制度を統一するか、少なくとも有権者に政党間競争を認識させるような選挙制度を地方議会でも採用するよう、示唆する傾向にある。

反対・慎重論

各総務省内研究会報告書や一部の政治学者に代表される地方議員選挙制度改革論に対しては、同じく政治学者からの反論も提起されている。その急先鋒である木寺(2018a、2018b)は、先述した「地方議会のあり方に関する研究会」の報告書の内容についてつぶさに検討し、その主張を批判する。

すなわち、現行の地方議員の選挙制度が選挙制度の統一性よりも地域代表性を重視しており、議員個人が特定地域を代表する存在であるという思想が根付いていた点について、選挙制度改革を主張する議論が軽視していることを、彼は問題視する。また、これら改革論が、政党による政治的意見の集約を強調するあまり、政党が拾い切れない様々な問題提起を行うなど無所属議員が議会で果たしてきた役割を無視していると述べる。さらに、有権者が候補者間の差異を識別することが困難になる、選挙区定数7以上の都道府県議会議員の選挙区の割合は5%に届かないにもかかわらず、現行の選挙制度を「実効的な代表選択」を可能としないものだと研究会が判断していることも問題視している。そして、市区町村議会議員選挙も含め、基礎自治体における地方政治研究の蓄積が全体として不十分なまま、選挙制度改革の必要性が論じられており、地方議員が主体的に「無所属」であることを選択する論理について十分な検討がなされていないと主張する。

また、諸外国の選挙制度や実態を記した谷（2017）は、現行の中選挙区制を主体とした都道府県議会議員選挙について、選挙区ごとに増減すれば1票の格差を是正できる合理的な制度であると肯定的に捉えている。ここにもし、完全小選挙区制を導入すれば、現職優位の傾向が強まってかえって政権交代が起こりにくくなる可能性があり、比例代表制に変更すると特定の課題や地域のみを対象に活動している団体やグループが選挙に出馬できなくなる問題があると論ずる。そして、アメリカでは政党が地方政府の政策決定に大きな役割を果たしていないし、フランスでは選挙制度が不均一であり、日本の政党化を促進しない選挙制度システムを殊更に否定すべきものではない、としている。

地方議員の選挙制度改革がもたらす効果を疑問視する見解も出されている。すなわち、比例代表制を導入したとしても、自治体レベルで政党間競争がそう簡単に根づくとは限らないし、その改革にはデメリットも含まれるとする見方である。たとえば山本（2018）は、大規模自治体において政党本位の地方政治が展開されるようになったとしても、小規模自治体では候補者本位の選挙が継続されることで、両者の間で不整合が生じ、政党がますます都市寄りの政策を展開する恐れがあると論じている。平野（２０１８）も、比例代表制の導入による政党規律の強化が、異なる地域や集団間の利害対立を押さえ込むデメリットをもつと指摘している。筆者も、国政政党、特に非自民政党が地方議員からの信任を得ないかぎり、政党を単位とした地方議会の運営は進まないと述べた（辻２０１８）。

選挙制度改革論をどう見るか

本節では、総務省内に設置された有識者による研究会の報告書を概観し、主として地方議員の選挙制度改革に焦点が当たってきたことを確認した。たしかに、大選挙区制や中選挙区制は、有権者の各候補者に対する認識を難しくし、同時に地方レベルでの政党間競争を阻害し、ひいては国政政党の発展を妨げる側面があることは否めない。

ただ、地方議員の選挙制度改革がそもそも実行可能か、そしてすべての自治体について導入可能かという点を、改めて考える必要があるのではないだろうか。木寺（２０１８a、２０１８b）が述べたように、選挙制度改革論が議論の前提としていたのは、都道府県と政令市、そして議員定数が20や30を超えるような大規模自治体なのであろう。では、都道府県や政令市の地方議員を選出する際に、現行制度において選挙区を構成している、各基礎自治体や行政区の実情を無視してよいのだろうか。地方分権が進展し自治体間で提供されるサービスも異なってきた今の時代において、各選挙区が抱える独自の課題を無視することはできないだろう。

また、政令市以外の中・大規模市区においては、たとえば比例代表制を導入して、地方レベルでの政党間競争と政党そのものの発展を目指すという方向性は妥当かもしれないが、議員定数が一桁であるような町村などの小規模自治体においても政党化を促進する制度を導入することが現実的だろうか。合議制機関である地方議会における多様性を犠牲にしてまで、政党による利益集約が求められるだろうか。おそらくそれは不可能だろうし、町村議員も求めていないのではないか。

事実、『日経グローカル』が、2016年8月半ばから9月下旬にかけ、47都道府県・813市区の議長・副議長・一般議員各2名を対象に行ったアンケート（回答率73・1％）は、都道府県議会議員と小規模自治体の議員との間で認識に大きな差があることを示している。都道府県議会議員の46・4％が「国政と同じく地方も政党政治は不可欠だ」と答えたのに対して、人口5万人未満の市で同じ選択肢を回答した議員は9・1％に留まっている。そして、後者では「規模の小さな自治体では会派はない方がよい」と答えた議員が24・0％にも上っている（井上2016）。

結局のところ、選挙制度改革は、政令市を除く大規模自治体の地方議員にのみ、適用可能なのかもしれない。地方議会において異なる利益の集約を目指すべきなのか、それとも地域も含めた多様な利益を反映させるべきなのかは、自治体の規模によって異なるのである。

第4節 「外からの」小規模自治体・執政制度改革論

町村総会という考え方

2017年5月、高知県大川村において、村議会を廃止して代わりに「町村総会」を設置する検討に入ったとの報道がなされた。大川村は、愛媛県との県境にある山に囲まれた過疎化と高齢化が進む村で、2019年6月末現在の人口は407人に留まる。同村では、2003年の選挙から議員定数を10から8に減らしたものの7名の立候補者しかなかったし、2007年にはさらに6にまで下げたものの、2015年の選挙では現職6名の立候補しかなく、全員が無投票当選を果たした。そして、複数の村議が当期かぎりでの引退をほのめかすなか、このまま選挙告示日を迎えて次回選挙で4人以下の候補者しかなければ、欠員が定数の6分の1を超えるため、公職選挙法第110条の規定により再選挙を余儀なくされるという危機感があった。

この「町村総会」については、地方自治法第94条に規定がある。日本国憲法第93条及び地方自治法第89条においてすべての自治体に議会を設置することが義務づけられているが、その例外として、町村では議会を置かずに有権者総員からなる総会を置くことが認められている。つまり、この町村総会は、代議制民主主義に替えて直接民主制を導入する仕組みをもつ。とはいえ、町村総会が置かれた実例は、1951年から1955年の東京都旧宇津木村《うつぎむら》（現八丈町《はちじょうまち》）の一例だけに限られているし、その旧宇津木村の人口も60人程度だったという（「毎日新聞」2017年5月1日付）。

その後大川村では、2017年6月から9月にかけて、町村総会設置に向けた検討が行われた。同村は、村内の有権者361人を対象に、郵送によるアンケートを実施し、約6割に当たる230人から回答を得た（高知県2017）。議員に立候補したいかどうか尋ねた問いでは、回答者の約1割が、「是非、立候補したい」（4人）もしくは「課題があるが、解決すれば立候補も検討したい」（20人）と回答した一方で、8割近くの回答者が、「高齢・病気等のため、負担が大きい」などの理由から、「立候補する可能性はない」としていた。また、現職議員以外に議員として推薦したい人がいると回答した人が4割近くいたものの、仕事を続けながら議員となるためには議会開催時などに仕事を休まなければならないことや、月額15万5000円の議員報酬が少なすぎることなどが、その障害になっていると述べていた。

ともあれ、アンケート結果が示され、議員立候補に前向きな回答が一部得られたことや、地方自治法に町村総会の運用ルールが具体的に記されていないこと、さらには有権者の半分以上が村内の一箇所に集まることについても実現可能性について懐疑的な意見が出たことなどから、7月、村議会の議会運営委員会は「村議会の維持は可能」との判断を下し、9月には村長も総会についての調査・研究は中断する旨を表明した。

なぜなり手がいないのか

第3章の冒頭でも触れたが、議員のなり手不足問題は、平成に入ってから特に顕著な問題となってきた。図表3-1で示したように、1991年以降、統一地方選挙での無投票当選者数は都道府県議会と町村議会で1割台と2割台を行ったり来たりしている。

朝日新聞が2018年12月に、全国の都道府県・市区町村1788自治体を対象に実施したアンケート調査（回答率100%）では、議員のなり手不足が課題になっていると回答した自治体の割合が、人口5万人未満の市議会で43%、町村議会では49%にも上った。また、議員のなり手不足が課題だと回答した議会のうち、約6割が「仕事との両立が難しい」あるいは「議員報酬が少ない」ことがその理由になっていると答えている。そして、4年前より議員報酬を引き上げた398議会のうち、54議会が「議員のなり手不足を解消するため」の対策だったと答えている（「朝日新聞」2019年2月18日付）。

そもそも、地方議員については、自治体職員や他の自治体の議員、国会議員と兼ねることができない兼職禁止規定（地方自治法第92条）や、当該自治体と経済的・営利的な取引関係をもつことを認めない請負禁止規定（同第92条の2）が定められている。この兼職禁止と請負禁止の規定が、議員のなり手の範囲を狭めることとなっており、特に小規模自治体においてこの問題が深刻化している。

このように、議員のなり手不足と議員報酬、あるいは兼職・請負禁止規定との間には、一定の関係性を見出すことができそうである。この問題は結局のところ、地方議員の仕事を専門職と見るべきか、それとも名誉職としての位置づけでも可能であると見るべきかという、本書で最初に提起した論点に帰着するといえよう。

町村議会のあり方に関する研究会

高知県大川村による町村総会設立検討を承け、2017年7月、総務省は「町村議会のあり方に関する研究会」を立ち上げた。法学・政治学の有識者らがメンバーになった一方、3議長会関係者は含まれなかった。

この研究会は翌年3月まで行われ、特に小規模町村における議員のなり手不足問題への対応策について検討した。当研究会の報告書はまず、なり手不足が生じている要因を分析した。

ここで指摘されたのは、町村議会議員の拘束時間が長いにもかかわらず報酬が少なくそれだけでは生計を立てることが困難であることや、人口が少ないうえに事業所数も限られているため、兼職禁止規定や請負禁止規定の影響が大きいこと、そして平日昼間を中心とした定例会及び臨時会方式による議会運営では兼業議員として活動しにくいことであった。

続いて、町村総会の実現可能性について検討し、実効的な開催は困難であると判断した。というのも、自治体合併による町村域の面積拡大によって、高齢化が進む現在にあっては有権者が一堂に会することが現実的でないためである。また、総会開催を容易にするために定足数を設けなかったり、審議と採決を分離し採決を住民投票にかけることにすると、議事機関としての町村総会の正統性に疑義をもたせるという別の問題が生ずるとした。

そのうえで、町村における二つの持続可能な議会モデルを本研究会はその報告書において新たに提示した（図表5-3）。一つは「集中専門型」モデルである。これは、生活給を保障する少数の専業的議員によって議会が構成されるとともに、住民の多様性を反映させるため、議決権や議案提出権はもたないが予算案や条例案等の審議に参加する「議会参画員」を導入するというものである。

もう一つは「多数参画型」モデルである。議員はすべて非専業とし、夜間・休日に議会を開催することで、多様な職業をもつ有権者にも参加しやすい環境を整える。そして契約の締

〈多数参画型〉

【イメージ図】

【ポイント】

- 多数の非専業的議員による議会構成とし、夜間・休日を中心とする議会運営を行う。
- 契約の締結などを議決事件から除外することなどによって、議員の仕事量・負担を軽減し、それに見合った副収入的水準の議員報酬を支給する。
- 上記の議決事件の除外とあわせ、議員の請負禁止を緩和するとともに、他の地方公共団体の常勤の職員との兼職を可能とする。
- 勤労者の立候補及び議員活動に係る休暇の取得等を理由とした使用者による不利益取扱いを禁止する。
- 各市町村の集落や小学校区を単位とした選挙区を設けて選出する。

出典：総務省作成資料を一部修正

結や財産処分等については議決対象から外す一方、他の自治体職員との兼職を認め、請負禁止規定を緩和することにより、多くの有権者も議会の一員になることを想定したモデルである。

なお、本報告書において公務員の兼職禁止規定の緩和が提唱されていることにも、注意が必要である。公務員については、政治的中立性の確保（国家公務員法第102条及び地方公務員法第36条）と職務専念義務（国家公務員法第96条及び地方公務員法第30条）が規定され、議員との兼職が認められていない。もし

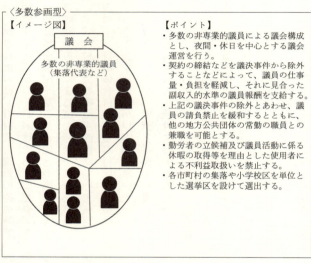

図表5－3　「町村議会のあり方に関する研究会」が提示した2つの議会モデル

〈集中専門型〉

【イメージ図】

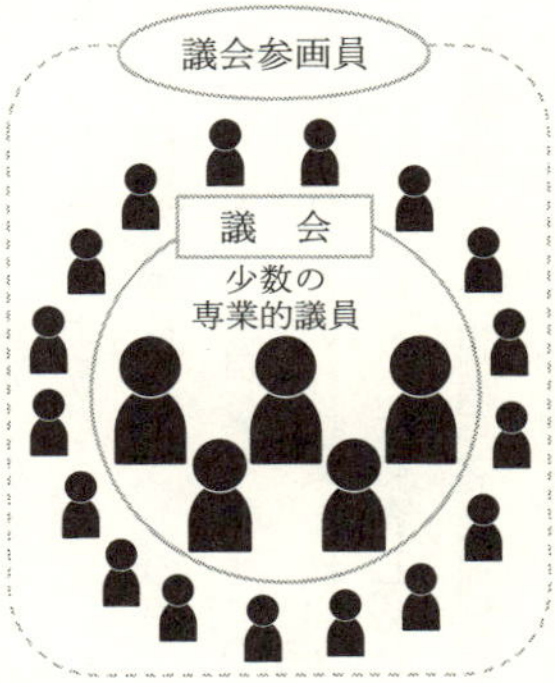

（※）議会参画員イメージ

【ポイント】
- 少数の専業的議員による議会構成とし、豊富な活動を想定。生活給を保障する水準の十分な議員報酬を支給する。
- 女性や若者など、多様な民意を反映させるとともに、住民が議会活動に関わる経験を得られる仕組みとして、（裁判員と同様）有権者からくじその他の作為が加わらない方法で選ばれる「議会参画員」制度（※）を設ける。
- 勤労者の立候補に係る休暇の取得等を理由とした使用者による不利益取扱いを禁止する。
- 公務員は、立候補によって職を失うこととなるため、公務員が立候補により退職した場合の復職制度を設ける。

【役割】条例、予算その他の重要な議案について議員とともに議論（議決権なし）
【費用弁償】職務を行う日ごとに費用弁償を支給
【選任手続等】くじその他の作為が加わらない方法で選定、一定の辞退要件などを設定

公務員が地方議員に立候補した場合、その職を失うことになっている（公職選挙法第90条）。そこで、本報告書は、特に集中専門型モデルについて、議員に立候補した公務員の落選後もしくは議員退職後の復職規定を設けるよう提案を行っている。

新しい議会モデルへの反響

このように、「町村議会のあり方に関する研究会」は、政治的基幹制度のうち、執政制度に焦点を当て、現行の地方自治法では全く想定されていなかった議会モデルを提示した。何より

も、町村議会において、都道府県や市区とは異なる議会のあり方が本格的に追求されたことは、衝撃的だったといえよう。

たとえば、町村議会議長会は、この報告書が示した案に対して強く反発している。多数参画型モデルに関しては、「首長と議会とのバランスを失し、二元代表制が形骸化することになる。首長独裁とならない仕組みを検討することが不可欠だ」と指摘した（「読売新聞」2018年3月27日付）。そして、兼業禁止規定についても、町村に限った問題ではなく、地方議会全体として議論すべき問題だと批判した（「毎日新聞」同日付）。また、「朝日新聞」（同日付）は二つの新しい議会モデルを強く批判する社説を掲載した。これらの議会モデルが議会の首長に対する監視機能を弱め、二元代表制を崩す恐れがあることや、議論が研究者だけで非公開のまま進み、現場の意見が蔑《ないがし》ろにされたことを、その批判の根拠としている。

たしかに、権限上つり合いのとれた二元代表制のあり方を徹底的に追求する立場からすれば、この報告書が提起した二つのモデルには、首長の「独走」をいかにして止めるかという点において疑問が残る。たとえば、「多数参画型」モデルでは、工事請負契約の締結や財産処分を議決対象から除外し、首長に対する監視機能を監査委員による監査と住民への情報公開に委ねることとしている。だが、監査委員ができるのは契約案件等の事後的なチェックに留まるため、問題がある契約の締結や財産処分に対して、首長による執行よりも前にストップをかける機会が失われかねない。

また、「集中専門型」モデルにおける「議会参画員」にせよ、「多数参画型」モデルにおける非専業の議員にせよ、その選出方法についての細かな検討が必要になる。「集中専門型」モデルでは、裁判員制度のようにくじなど作為の加わらない方法で参画員を抽出するとしたが、裁判員の辞退が多数見られる現状において、どの程度効果的に運用できるだろうか。「多数参画型」モデルについても、各市町村の集落や小学校区を単位とした選挙区を設けて議員を選出するとしているが、選挙区ごとの定数をどう設定するべきか、最適解を見つけることは難しい。集落もしくは小学校区ごとに1議員とすることにも、集落・小学校区ごとの人口規模に応じた定数配分とすることにも、それぞれ一定の合理性があり、そう簡単に決着できる問題ではないだろう。

とはいえ、少なくとも、「町村議会のあり方に関する研究会」が、執政制度改革を論じ、自治体の規模にかかわらず一律に地方議会の制度や運営について定めている現行の法体系から一歩踏み出した提案を行ったことは、重要だといえよう。しかし、この結論について、地方議会の側から、「地方議会の自主的な制度改革を重視すべきだ」とする反発が大きく（「読売新聞」2019年6月29日付）、2019年6月から、地方議会関係者も加えた、「地方議会・議員のあり方に関する研究会」が、新たに総務省内に立ち上げられた。「現場」の議員を納得させることができないかぎり、「議会改革」は総じて進まないのである。

第5節　地方議会の岐路

本章では、最初に地方分権改革の内容について紹介し、その影響が自治体の規模によって異なることを示した。続いて、地方議会・議員が自発的に「内からの」改革を行ってきた様子を見た。そして有識者の側で、選挙制度改革と執政制度改革が論じられてきたことを明らかにした。念頭に置かれているのは、前者においては主として大規模自治体であり、後者については小規模自治体である。ただ、いずれも、地方議会に携わる側から望まれた改革ではなく、有識者から提起された、いわば「外からの」改革論であった。本節では改めて、「内からの」改革論と「外からの」改革論の特徴を概観し、それぞれが見据える議会改革の方向性が重ならないことを指摘する。そのうえで、諸外国の地方議会制度について簡単に触れ、これからの地方議会に必要なのは、多様な選択を可能とする制度設計であると述べる。

「内からの」改革論と「外からの」改革論

本章第2節で指摘した、「内からの」改革論が目指しているのは、非対称な二元代表制を是正し、首長に対抗できるだけの専門知識や能力をもった議会を構築することである（図表5-4）。政党や会派間の対立を乗り越え、政策討議を行い、議会として一定の結論を得て首長と対峙するあり方をその理想型としている。また、国政とは切り離した形で、自治体そのもの、あるいは自治体レベルでの議会機能の強化が目指されているとも見ることができる。つまり、「内からの」改革論では、立法部と執政部の間の、そして国政と地方政治との間の、「分立」性が志向されており、そのための立法部と地方自治の強化が追求されていると考えられる。

図表5-4　「内からの」改革が目指す地方議会の方向性

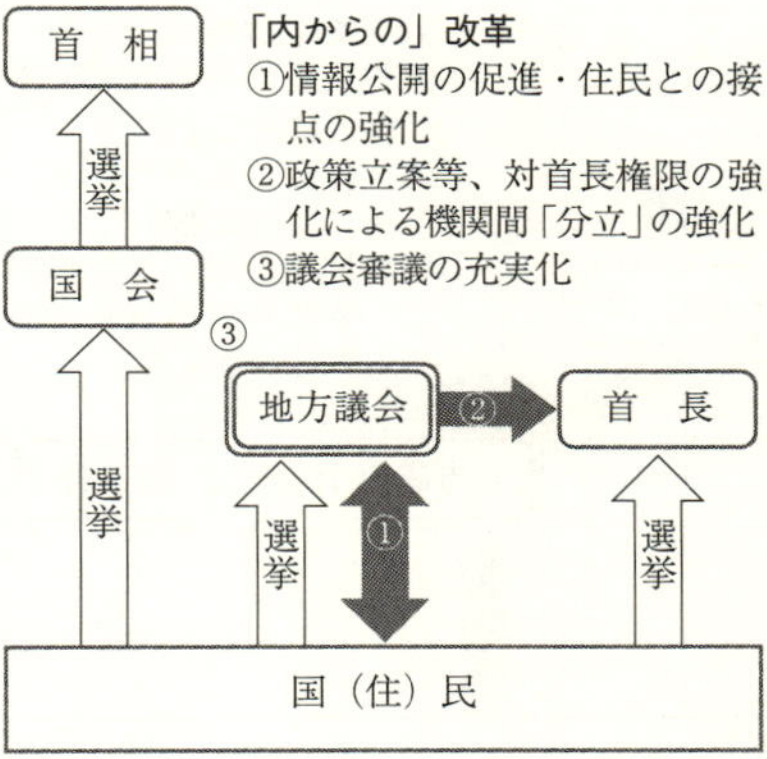

出典：筆者作成

それに対して、「外からの」地方議会改革論については、地方議会や地方議員といった「現場」との接点をもたずに展開された議論がほとんどであり、その関心は選挙制度に集中した。他方で、「町村議会のあり方に関する研究会」での提言は執政制度に焦点を合わせ、プロフェッショナルとしての議員を養成するのとは逆方向の、二つの議会モデルを提示した。これは、「内からの」改革論とは真っ向から対立するものであったし、70年以上にわたって続いてきた、日本国憲法や地方自治法が想定した地方議会モデルを掘り崩すものであった。ただ、日本の政治学における地方議会研究が都道府県など大規模自治体を対象としたものに留まってきたという木寺（2018a）の指摘は重要である。つまり、市区町村など基礎自治体の議会を対象とした研究はあまり進んでいない。なぜならば、小規模自治体になればなるほど、地方議会の政党化が進んでおらず、分析の糸口を見出しにくかったからである。

図表5－5　「外からの」改革論が目指す地方議会の方向性

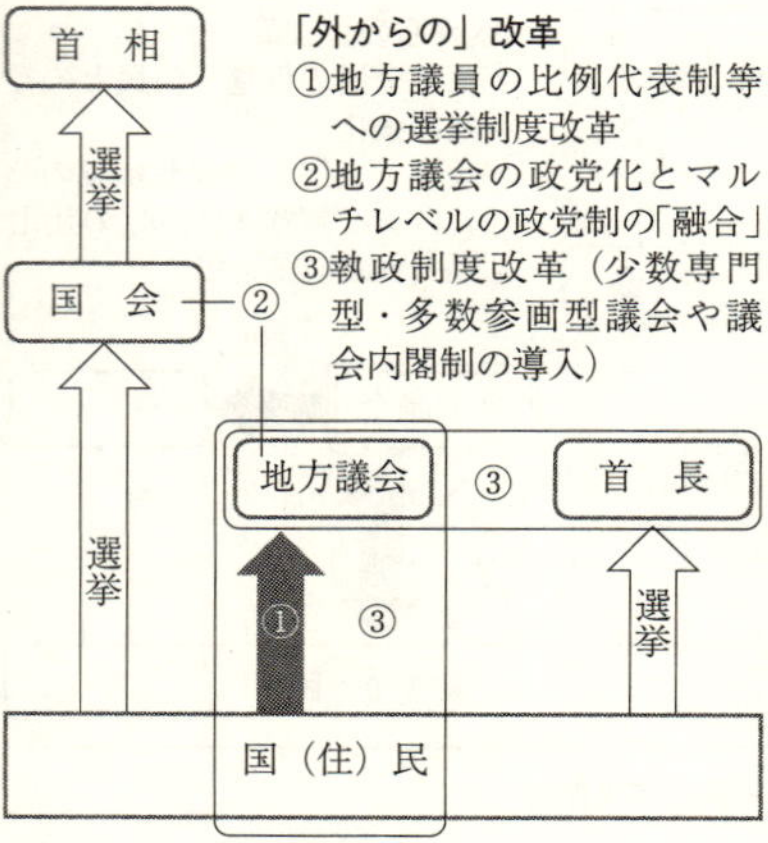

出典：筆者作成

　このことは、「外からの」改革論、特に選挙制度に注目した議論において、政党の役割が重要視されてきたことに、端的に表れている。これらの議論では、地方議員選挙の競争性を高め、実効的な選択を可能とするために、政党を軸とした選挙制度が導入されるべきだとしている。つまり、国政と地方政治とのリンケージを重視するとともに、議会内での政党間対立を積極的に捉えてきた。また、多様な議員の意見集約を行う政党の機能を重視し、議会の「効率性」（第3章第3節参照）向上を好意的に捉えているともいえる。待鳥（2017）が述べる議院内閣制（議会内閣制）への転換論も視野に入れれば、「外からの」改革論では、総じて、立法部（議会）と執政部（首長）、あるいは国政と地方政治との、政党を媒介とした一体性あるいは「融合」性が志向されていると見ることができる（図表5－5）。

このように、「内からの」改革論と「外からの」改革論が志向する改革の方向性は非常に対照的であり、それぞれの改革論が描き出す地方議会像も全く異なっている。では、これからの地方議会はどちらの改革を志向すればよいのか。筆者の答えは、双方の方向性を認める、「多様性の承認」にある。

以下では、その参考として、諸外国の地方議会制度について、ごく簡単に触れることにしよう。実はそこに、多様性を見出すことができるからである。

アメリカの自治体執政制度

アメリカの地方政府においては、様々な執政制度が採用されている。一つは「議会―支配人型」である。これは、直接公選制によって選ばれる議会が政策決定権限をもちつつ、政策の執行については議会が任命した行政運営の専門家である市支配人（City Manager）に任せる形態であり、中規模の都市では一般的な統治形態となっている。他方で、日本と同様に、市長と議会を直接公選する「市長―議会制」を採用する自治体もある。この制度は、日本の自治体のように行政各部を市長が監督する「強市長型」と、そうではなく議会が行政に対する指揮監督権限をもつ「弱市長型」とに大別される。このほか、日本の町村総会に当たるような、「住民総会」の制度を採用している小規模自治体もある。直接公選で選ばれる理事が議事機関と執行機関を兼ねる「理事会型」を採る中小規模の自治体も、ごく少数だが存在する。

ところで、日本の第22次地方制度調査会は、1989年の時点で、町村総会の活用や「議会―支配人制(型)」の導入、さらには都道府県もしくは広域市町村圏の中心都市による行政事務の補完・代行等、基本的な組織形態のあり方の特例について考えるべきだと述べていた(地方制度調査会1989)。つまり、30年も前から、各市町村の実態に合わせて組織形態の多様化を図る必要があると指摘されていたのである。

画一化と多様化

再び他国の例に戻ろう。ドイツの地方自治体の執政制度類型は、「北ドイツ評議会制」、「市長制」、「参事会制」そして「南ドイツ評議会制」といった四つに分類されてきたが、片木（2008）は、1990年代以降、「南ドイツ評議会制」への画一化が進みつつあると述べる。つまり、議会によって選任されていた市町村長を住民による公選へと変更する二元代表制への転換が進んだという。

他方で、イギリスでは地方執政制度の多様化が進み、2000年地方自治法制定により、人口8万5000人を超えるイングランド内の自治体は、（1）リーダーと内閣型、（2）直接公選首長と内閣型、（3）直接公選首長とカウンシル・マネージャー型という三つの統治形態のなかから一つを選択することになった。さらに2011年地域主義法制定によって、イングランドのすべての地方自治体で、2000年より前に画一的に採用されていた「委員会」制も選択できるようになった（自治体国際化協会2017a）。

韓国では、日本と同様の二元代表制が、特別市・広域市・道といった広域自治体と、市・郡・自治区といった基礎自治体の双方で採用されているし、地方議会の有する権限や組織形態についても日本に非常によく似ている。また、2005年の地方自治法改正により、議員に対して会期により支給される会期手当が、職務活動に対し支給する月次手当へと転換され、地方議員が専門性をもって職務に専念できる体制が整った（同2015）。

ただ、選挙のタイミングや任期については日本とは大きく異なる。首長の任期は連続3期12年までに限定されているし、途中で首長が欠けた際に補欠選挙で選出された新首長の任期も、前任者の残存期間に限定される。それゆえ、西暦を4で割って2で余る年の6月に、全国の自治体で首長・議会議員の双方が一斉に選出されることになっている。

各国の多様性

このように、地方自治制度は国によっても地域によっても多様性がある。それは他の公選職との兼職可能性や地方議員の位置づけについても当てはまる。たとえばイギリスでは地方議員は「名誉職」の位置づけであり、他の自治体と役割が大きく異なるグレーター・ロンドン・オーソリティーの議員を除き、議員報酬は支払われていない。基礎手当の支給は義務づけられているが、それでも年額数十万円から二百数十万円に過ぎない。ただし、「リーダーと内閣型」を採用している自治体において、リーダーを兼務している議員は高額の役職手当を受け取っているし、リーダーでなくても内閣メンバーや一部委員会の委員長職に就けば、相当額の収入を得ることができる(竹下2008)。

ドイツでも、市町村議員は「名誉職」として位置づけられている。議員活動とは別に生計を立てるための職業をもつほか、連邦議会、州議会、郡議会などと兼職することもある。また、直接公選された市町村長が議会の議長を兼任する制度を採用している州もある(自治体国際化協会2011)。

他方で、古くから国民議会議員と地方議員の兼職が一般的であったフランスでは、2014年に成立した法律によって、国民議会議員が地域圏議会や県議会の議長や副議長、市長などと兼職できなくなった。そして、2010年に制定された法律で導入された州・県兼任議員である地域議員制度は、2013年の法律で廃止されるに至っている（同2017b）。

アメリカでは市長が議員と兼職している例も多く、市長給与も日本に比べてはるかに低い。議員についても、自治体平均で6名程度の議員しかおらず、大都市の専門職議員を除き、大半の非常勤議員の報酬についてはゼロか極めて少額なものしかない（小滝2004）。他方で、日本と同様に公選制の知事と議会とをもつ州政府においては、パートタイムとしての位置づけしか与えられていないモンタナ州やワイオミング州などでわずかな日当しか手当てされない一方、フルタイムの議員活動が要請されるニューヨーク州やカリフォルニア州では、日当を除いても年間11万ドルの議員報酬が各議員に対して支給されている（National Conference of State Legislatures 調べ、http://www.ncsl.org/LinkClick.aspx?fileticket=tk1TESJZiUY%3d&tabid=33809&portalid=1，2019年8月17日最終確認）。

このように、諸外国の自治体執政制度や地方議員の位置づけも多様であり、またその内容も流動的である。逆にいえば、日本国憲法と地方自治法に規定された、日本の地方制度の一律性と固定性が、諸外国の制度の検討から際立って見えてくるともいえる。

多様化を認める議会改革の可能性

結局のところ、現状の地方議会に問題を見出すのであれば、日本でも自治体の種別によって異なる事務の所掌範囲に応じた形で、地方議会の権限や組織形態のあり方に多様性を認める方向で考えざるをえないのではないだろうか。たしかに、日本国憲法第93条は、すべての自治体が、議会を設置し住民が首長と議員とを選出する二元代表制を採ることを規定している。とはいえ、地方自治法第94条は、その例外的形態として、町村総会の設置を認めている。このことをどう考えればよいだろうか。

宇賀（2019）が述べるように、有権者全員が町村総会の構成員となる町村総会の仕組みは直接民主制を採用したものであり、間接民主制である二元代表制よりも住民自治の理念に適合していることから、違憲とはいえないだろう。そればかりか、伊藤（2014）が思考実験として記しているように、憲法第93条第2項にある「地方公共団体の長（首長）」を合議体組織でも務めることが可能であると読み替え、憲法上は「議事機関」とされている議会について地方自治法上の「執行機関」との位置づけを与えれば、日本でもイギリスの「委員会制」やアメリカの「議会―支配人型」を導入することすら不可能ではないかもしれない。

しかしながら、このような憲法解釈の読み替えには相当な困難がつきまとう。もちろん、憲法改正によって二元代表制を議院内閣制（議会内閣制）的なあり方に変更する可能性も排除すべきではない。だが、その前に次善の策として、憲法改正よりは容易な、地方自治法や公職選挙法の改正を目指すという方向性も考えられる。一つは、兼職禁止規定や請負禁止規定の緩和である。既述のとおり、地方議員は、国会議員や他の自治体の議員、自治体首長や行政委員会委員、そして公務員などとの兼職が禁止されているし、自治体と請負関係にある団体の役員などとの兼業も禁じられている。これらの規定が、特に小規模市町村におけるなり手不足を招いているとするならば、法律改正を行い、より多くの人が地方議員になれる仕組みを考えるべきであろう。実際、町村総会を検討した高知県大川村は、２０１９年3月に、議員との兼業が認められる企業や団体の範囲を明確にする条例を制定し、兼業可能な法人名を村長が毎年公表することになった。

法律改正の二つ目の焦点は、「内からの」改革論でも主張される、地方議会の権限強化に関するものである。第1章第3節において、数次にわたる地方自治法改正により、地方議会の権限が拡大してきたことを述べた。しかし、それでもなお、首長に予算案や条例案を含めた議案提出権が広く認められる一方、議会には予算案の提出権が認められず修正権にも制限がかけられている状況に変化はない。第4章第4節で指摘したように、日本では、自治体の活動量も大きく活動範囲は広い。だからこそ、一般会計で数十億円から数兆円規模に上る予算案や、住民の権利・義務にかかる条例案等、各種議案を提出し執行する首長の責任は重いし、それを議決する議会の責任もまた重い。また、首長による独断専行が始まった場合、真っ先に監視そして抑止ができるのは議会であることを、十分に認識しておくべきだし、できるならば議会が自由に動ける範囲をより広げることも必要ではないだろうか。

そして、法律改正で対応できるもう一つの方向性とは、「外からの」改革論で議論されてきた、地方議員の選挙制度改革である。政党を中心とした選挙制度へと変更し、有権者がより容易に政策選択でき、地方政治家の説明責任を追及できるような状況を作り出すのがこれである。ただ、たとえば、比例代表制を全面的に導入した場合、立候補者の「政党に所属しない自由」を阻むことにもなる。また、都道府県議会議員の場合には、現行法の下で基本的に基礎自治体を単位に選挙区が設定されている理念を考慮すれば、各市区町村の代表性をいかに確保するかが問題となる。改めて強調しておくが、地方分権の進展により、自治体間の政策的・財政的な差異が広がった現在、抱える課題も自治体により異なるし、都道府県レベルでないと解決できない問題も残っている。都道府県議会議員には、そうした選出地域の課題を認識したうえで、都道府県レベルでの問題解決のために活動することも求められるのではないか。そもそも、選挙区をなくし比例代表制を全面的に導入すると、選出された議員の「地元」が一部自治体に偏在して、現在の選挙制度における選挙区間の「1票の格差」よりも酷《ひど》い、地域代表性における格差が生ずるかもしれないのである。

いずれにせよ、これら様々な改革案を採用するかどうかについて、各都道府県もしくは市区町村に委ねるという方向性を考えてもよい時期に差し掛かりつつあるのではないだろうか。「町村議会のあり方を考える研究会」が提示した、「集中専門型」・「多数参画型」という二つの議会モデルは、現行の議会モデルとともに、いずれも各町村にとっての選択肢の一つとされているに過ぎず、すべての町村に強制的に採用させる形としては想定されていない。選挙制度についても、議員が一桁しかいないような小規模市町村において、政党化や政党間競争を促す制度を導入するよりも現状の選挙制度を維持する方が合理的だろう。他方で、場合によっては、憲法改正によって議院内閣制（議会内閣制）のような制度選択も可能とし、議員と執政の双方を兼務することで、生活するのに充分な収入を保障する方策も考えなければならないかもしれない。選挙制度・執政制度の双方について、自治体が様々な制度から選び取ることのできるような方向性の模索が、これからの時代には必要ではないだろうか。議員報酬の額も、議会の定例会の回数や常任委員会の数も、各自治体の条例規定に全面的に任されているのだから。

おわりに――何を代表する地方議会なのか

本書では、国会や国会議員と比較しながら、地方議会・議員の制度や待遇について検討し、地方議員という職業が「名誉職」と「専門職」の中間にあるような中途半端な位置づけしか与えられていないことを確認した。また、二元代表制を大統領制に類するものと考え、その観点からすれば予算提案権を独占するなど首長の有する権限が非常に大きく、各議員は首長に議会での質問等を通じて予算執行を促すことでしか、求める政策を実施できない状態にあると指摘した。また、そのために、議員は首長提出議案に賛成する誘因をもち、結果として首長提出議案が可決されやすいことも論じた。

しかしながら、議員は決してサボっているわけではない。住民の要望を行政に反映させるために議会外で市民相談を行ったり、議会内で質問をしたりすることで、その職責を果たそうとしている。ただ、政党化が進展した大規模自治体の議会では、議員は効率性重視の統一政府において首長に追随する勢力となりやすく、分割政府では抵抗勢力として首長だけでなく有権者からも敵視される傾向にある。逆に、政党化していない小規模自治体の議会では、各議員の議会での行動を把握することが難しいため、有権者にしてみれば議会や議員が何をしているのかがわからない状態にあることを指摘した。

そして本書では、議会の内と外とで互いに嚙み合わない議会改革論が展開されていると論じた。地方議会・議員側からの自発的な改革（「内からの」改革）では、首長に対する議会の自律性や中央政府に対する自治体の自律性と、議会・議員の能力強化が強調される傾向にある。それに対して、有識者が提起した議論（「外からの」改革論）では、多様な利益を集約し、国に橋渡しする役目を果たす政党の存在が重視され、それゆえに特に大規模自治体において政党化を促す地方議員の選挙制度の必要性が論じられていることを確認した。また、小規模自治体については、集中専門型あるいは多数参画型といった、議員活動に専念しないメンバーの議会への迎え入れが提案され、専門職化を志向する「内からの」改革とは対立的な関係にあると述べた。

さて、本書を終える前に、自治体規模の違いについて改めて触れておこう。現在進行中の地方分権改革の影響もあり、地方議会にかかる負荷という点で、自治体間に差が生まれており、規模の大きな自治体ほどそれは重くなっている。都道府県や政令市では、様々な政策についての専門知識をより幅広くもち、法制執務に長け、各種施策の基準設定において現場知識も活用できるような地方議員が求められている。

だが、その一方で、国・自治体ともに財政状況が逼迫するなか、特に財政上の制約が厳しい小規模市町村でも地方財政についての議論が十分にできる議員が必要である。しかし、このような自治体では、議員の専業化も進んでいないし、議員の政策立案活動や情報公開を支える議会事務局体制も整っておらず、十分に役割を果たせる状況にはなっていない。そのため、これら自治体における議会は、現行憲法や地方自治法が想定している、二元代表制の一翼として機能することが非常に難しい状況に置かれている。地方議員の専門性強化を図るだけでなく、近隣の自治体同士で議会事務局を共同設置するなどして議会総体としての能力向上を進めなければ、議員活動は魅力あるものに映らないし、活性化もしないだろう。そもそも、議会改革を進めるための土台自体が、自治体によって相当に異なることを、ここに強調しておきたい。

2019年3月、町村議会議長会に設置された有識者検討会である「町村議会議員の議員報酬等のあり方検討委員会」は、直近の一般選挙で無投票となった町村議会では、そうではなかった町村議会に比べて、議員報酬月額が平均して2万2000円近く少なかったことを明らかにした。また、人口規模が小さく、議員定数も少なく、財政状況が厳しい自治体で、無投票となる傾向があることを、分析結果で示した。つまり、議員のなり手不足が深刻化しているのは、自治体として稼ぐ能力に限界があり、それゆえに採りうる政策の幅も狭く、限られた議員報酬しか提供されないような、小規模自治体の議会なのである。

これからの日本の地方議会に求められるのは、戦後70年以上の間、日本国憲法と地方自治法によって定められた、画一的な制度からの脱却である。本書で見てきたように、大規模自治体と小規模自治体とでは、議員の待遇においても、議会の政党化の側面においても、大きな違いがある。そして、審議すべき議案の内容や数も異なっている。だとするならば、自治体ごとに議会に求められるべき機能が異なることを素直に認め、それぞれに見合った選挙制度と執政制度、そして必要に応じて他の職業との兼職制度を導入できるようにした方が、住民が求める地方議会の実現により近づけるのではないだろうか。

つまり、これからの地方議会に必要なのは、その果たすべき役割の再定義である。なるべく多くの地域から代表を選出し、住民により身近な議会とするのであれば、人口規模を基準として横並びで議員定数を定めるのではなく、他自治体に突出してでも多くの人に議員になってもらうことが必要である（現状でそれは既に可能である）。能力の高い人に議員になってもらうために、高額の議員報酬を定めることも、より積極的に行われてしかるべきである。議会活動のやり甲斐を高めるために、議会に予算編成権を与えるのも一案である。そして、議員という仕事に魅力を感じた人が積極的に出馬できる環境を整えたり、真面目に活動する議員を育てるためには、落選・退職しても元の職業に戻れたり、議員を辞めた後の生活を保障できる制度を考えるべきであろう（それはかつて地方議員年金という形で実施されていた）。

もし、地方議会が代表するのが各地域ではなく、政策内容であるならば、政党間で政策を競わせる議会にするのが望ましい。その場合には、比例代表制など政党化を促す選挙制度を各自治体の判断で導入できるようにするのが筋である。逆に、採りうる政策の範囲が限定され、党派的対立が望まれない場合には、首長と対立する可能性がある二元代表制ではなく、議会が執行機関を兼ねる理事会制や、選出した支配人に行政運営に当たらせる議会─支配人制を採用できた方が、都合がよいかもしれない。もちろん、これらの改革を実行するためには、地方自治法や日本国憲法の改正といった難題に取り組む必要が出てくる。だが、たとえそうであるにせよ、自治体によって議会に求められる役割が異なるならば、それにふさわしい制度設計を導入できることが望ましいし、その方向性を模索しないかぎり、現状の地方議会・地方議員に対する批判を免れないのではないだろうか。日本の地方議会が岐路に立たされていることは、間違いない事実なのである。

＊

筆者が地方政治に関心を抱いたのは、父が自治体職員だったためである。30年ほど前だったか、故・柳庸夫大阪府副知事の秘書だった父の手許にあった議員手帳の議員一覧表や議場の座席図を興味本位で眺めた記憶がある。それから約10年後、筆者は大学院に進学し、日本の地方議会を対象とした研究を始めて丸20年が経った。そして今夏は我が師である的場敏博先生が亡くなられてちょうど10年の節目でもある。その意味で、非常に拙いものであるとはいえ、本書は筆者にとって一つの記念碑的なものとなった。

本書を書き上げるには、これまでご一緒してきた方々の協力が不可欠であった。若輩者の筆者に最初にお声掛けいただき、地方議会の「現場」で勉強する機会を与えてくださったのは、三重県名張市議会の先生方や事務局職員の方々である。当時議長でいらした福田博行先生、議会改革検討委員会委員長の細矢一宏先生、そして議長の命を受け筆者を見つけ出された議事法務室長（当時、現市民部長）の牧田優さんをはじめ、歴代の議員の先生方や職員の方々は、今から7年以上も前から、筆者を議長室に幾度となく招き入れ、ざっくばらんにお話しくださった。このときの経験が、筆者の地方議会に対する考えや感覚を養い、本書の執筆につながった。この場を借りて心からの感謝をお伝えしたい。

また、やはり約7年にわたる古い付き合いをいただいているのが大阪府八尾市議会の方々である。筆者が出席した特別委員会では議員の先生方による丁々発止のやりとりを目の当たりにさせていただいたし、近年は勤務校である近畿大学で筆者が担当する授業でもご協力を賜っている。八尾市議会議員の先生方・事務局職員の方々にもお礼を申し上げたい。

そして、4年前から務めている大阪府堺市議会での政務活動費検査においても、様々な知識と「実感」を得ることができている。このときの議論がなければ、第4章第3節を書くことはできなかった。検査時以外の場でも懇意にお話しくださる、検査員の森末尚孝弁護士や歴代事務局職員の方々に、謝意をお伝えしたい。また、本書出版前の最終段階で、事務局の担当者でいらっしゃった津本隆広さんの訃報に接した。心よりお悔やみ申し上げる。

国会制度については、前著の執筆時にもお世話になった、筆者の大学時代の先輩である衆議院事務局・相原克哉さんの助けをいただいた。もちろん、本書の誤りはすべて筆者に帰するが、この場を借りて感謝申し上げる。

それから、主として関西地方の議会事務局職員から構成される、議会事務局研究会のメンバーの方々は、いつも多くの情報をご教示くださっている。なかでも、10年前に本会にお誘いくださった代表の立命館大学教授・駒林良則先生には、本書の草稿に目を通していただき、筆者の思い違いをご指摘いただいた。共同代表の髙沖秀宣さんには、第4章第1節で紹介した、三重県松阪市議会議員定数のあり方調査会にお招きいただいた。これまでのご好意にお礼申し上げたい。

また、新書執筆のご経験をお持ちの大阪大学教授、北村亘先生と上川龍之進先生にも拙稿を読んでいただき、丁寧なコメントを寄せていただいた。「時代越し」の十連休のさなかに急遽《きゅうきょ》読んでいただくことになり、申し訳ないかぎりであったが、先生方からのコメントがなければ、ただでさえ文章の下手な筆者の議論がよりわかりにくいままとなっただろう。心より感謝申し上げる。明治大学教授・木寺元先生には、昨年の日本公共政策学会での報告の機会を与えていただいた。また、選挙制度と執政制度の重要性を説いてくださっている、京都大学教授の待鳥聡史先生、建林正彦先生、曽我謙悟先生と、神戸大学教授の砂原庸介先生がいらっしゃるからこそ、第5章を執筆することができた。日々の御指導・御鞭撻に対する心からの感謝を申し述べたい。

そして、本書執筆の機会を与えてくださったのは、中公新書編集長の田中正敏さんである。お話をいただいたときには、村松岐夫先生をはじめ敬愛する政治学者の方々が並ぶ、中公新書の執筆陣の末席に我が名を連ねることができる喜びに、舞い上がりそうになった。しかし、いざ筆を執ってみると、自分の絶望的なまでの能力のなさに意気消沈し、出版にこぎ着けることができるのだろうかという不安感にずっと苛《さいな》まれ続けてきた。そんななか、田中さんは優しくも的確なアドバイスを送り続けてくださり、やはり「時代越し」の十連休中に直接お目にかかって意見交換できたこともあって、なんとか一冊の書物としてまとめ上げることができた。この場を借りて感謝申し上げたい。

最後に、家族への謝意を述べることについてお赦《ゆる》しいただきたい。義父母の早川修司・宏子は、東京滞在時、いつも子どもの面倒をみてくれるとともに、精神的・物理的拠り所を提供してくれている。妻早川有紀は、同業者としてかつ生活者として、苦楽を分かち合ってくれている。二人の子ども、惇と駿は、日々の生活に彩りと潤いを与え、大いに楽しいものにしてくれている。なかなか面と向かって伝えられない「ありがとう」の言葉を贈りたい。

そして、6年前に結婚するまで、典型的な核家族の一員として暮らしてきた筆者にとって一番の支えであったのは、父孝、母典子、妹聡子であった。三人に、言い尽くせない感謝の気持ちとこれからも宜しくお願いしますという思いを込めて、本書を捧げる。

2019年8月

辻　陽

参考文献

伊藤正次（2014）「自治体統治機構の国際比較」礒崎初仁・金井利之・伊藤正次『ホーンブック地方自治　第3版』北樹出版

井上明彦（2015）「使える議会図書室とは：都道府県・政令市・県庁所在市調査　レファレンス機能の強化、公立・専門図書館との連携カギ」『日経グローカル』第261号

同（2016）「地方議員2514人の意識調査：政務活動費「規制強化が必要」7割超」『日経グローカル』第301号

上神貴佳（2012）「党派的に正確な投票は可能か――日本の地方議会議員選挙における有権者の誤認識」『高知論叢（社会科学）』第105号

宇賀克也（2019）『地方自治法概説（第8版）』有斐閣

内田一夫編著（2019）『判例から学ぶ　政務活動費の実務――制度の基本から適正運用まで』ぎょうせい

江藤俊昭（2016）『議会改革の第2ステージ――信頼される議会づくりへ』ぎょうせい

岡田一郎（2016）『革新自治体――熱狂と挫折に何を学ぶか』中公新書

尾崎善造（2012）『地方議会の12か月――1年の流れがわかる仕事のポイント』学陽書房

小滝敏之（2004）『アメリカの地方自治』第一法規

片木淳（2008）「地方議会海外事情（ドイツ編　下）地方議会と直接民主主義」『日経グローカル』20

０８年４月号
金井利之（２０１９）『自治体議会の取扱説明書――住民の代表として議会に向き合うために』第一法規
川崎政司（２０１８）『地方自治法基本解説（第7版）』法学書院
北村亘（２０１３）『政令指定都市』中公新書
北村亘・青木栄一・平野淳一（２０１７）『地方自治論――2つの自律性のはざまで』有斐閣ストゥディア
木寺元（２０１８ａ）「地方選挙制度改革と政治工学――総務省「地方議会・議員に関する研究会報告書」の検討と分析」『自治総研』２０１８年3月号
木寺元（２０１８ｂ）「誰がための選挙制度改革？――『街灯の下で鍵を探す』議論にならないために」『都市問題』２０１８年5月号
黒田展之編（１９８４）『現代日本の地方政治家――地方議員の背景と行動』法律文化社
高知県（２０１７）「大川村議会維持対策検討のためのアンケート調査　集計資料」
小西敦（２０１４）『地方自治法改正史』信山社
駒林良則（２００６）『地方議会の法構造』成文堂
堺市議会（２０１７）『X議員及びY議員による政務活動費又は政務調査費の支出に関する調査特別委員会調査報告書』
自治体国際化協会（２０１５）『韓国の地方自治――２０１５年改訂版』
同（２０１１）『ドイツの地方自治（概要版）――２０１１年改訂版』
同（２０１７ａ）『英国の地方自治（概要版）――２０１７年改訂版』
同（２０１７ｂ）『フランスの地方自治――２０１７年改訂版』

砂原庸介（2011）『地方政府の民主主義——財政資源の制約と地方政府の政策選択』有斐閣
同（2015）『民主主義の条件』東洋経済新報社
同（2017）『分裂と統合の日本政治——統治機構改革と政党システムの変容』千倉書房
勢籏了三（2015）『地方議会の政務活動費』学陽書房
全国市議会議長会（2018）『市議会議員定数に関する調査結果（平成29年12月31日現在）』
同（2018）『市議会議員報酬に関する調査結果（平成29年12月31日現在）』
同（2018）『市議会の活動に関する実態調査結果：平成29年中』
全国町村議会議長会（2007、2017、2018、2019）『町村議会実態調査結果の概要（第52回、第62回、第63回、第64回）』
総務省自治行政局（2014）『地方議会のあり方に関する研究会報告書』
同（2015）『地方議会に関する研究会報告書』
同（2017）『地方議会・議員に関する研究会報告書』
同（2018）『町村議会のあり方に関する研究会報告書』
同（2019）「地方議会・議員のあり方に関する研究会　参考資料」
同（2019）「地方公共団体の議会の議員及び長の所属党派別人員調等」
曽我謙悟（2013）『行政学』有斐閣アルマ
同（2019）『日本の地方政府——1700自治体の実態と課題』中公新書
曽我謙悟・待鳥聡史（2007）『日本の地方政治——二元代表制政府の政策選択』名古屋大学出版会
髙沖秀宣編著・議会事務局研究会著（2016）『先進事例でよくわかる　議会事務局はここまでできる！』

学陽書房
竹下譲監修・著（２００８）『よくわかる世界の地方自治制度』イマジン出版
建林正彦（２０１７）『政党政治の制度分析――マルチレベルの政治競争における政党組織』千倉書房
建林正彦・曽我謙悟・待鳥聡史（２００８）『比較政治制度論』有斐閣アルマ
谷聖美（２０１７）「政党システム中心の選挙制度改革論と地方自治――異なる価値前提を巡る若干の考察」『岡山大学法学会雑誌』第67巻第2号
地方制度調査会（１９８９）「小規模町村のあり方についての答申」総務省自治行政局自治政策課編『地方制度調査会答申集（第1次――第26次）』
町村議会議員の議員報酬等のあり方検討委員会（２０１９）『町村議会議員の議員報酬等のあり方　最終報告』
辻陽（２０１５）『戦後日本政党政治史論――二元代表制の立体的分析』木鐸社
辻陽（２０１８）「旧民主党と都道府県議会会派」『都市問題』２０１８年5月号
辻陽（２０１９）「『大阪維新の会』と議会運営――分割政府比較の観点から」『近畿大学法学』第66巻第３・４号
東京都議会（２０１７）『豊洲市場移転問題に関する調査特別委員会調査報告書』
内閣府男女共同参画局（２０１８）「政治分野における男女共同参画の推進に向けた地方議会議員に関する調査研究報告書」
長野基（２０１８）「統計で見る自治体議会の変容」廣瀬克哉編著『自治体議会改革の固有性と普遍性』法政大学出版局

平野淳一（2018）「首長選挙と政党政治――地方議会の選挙制度改革が首長選挙に与える影響」『都市問題』2018年5月号
廣瀬克哉（2016）「議会基本条例で進んだ改革、これからの課題」廣瀬克哉・自治体議会改革フォーラム編『議会改革白書 2016年版』
堀内匠（2016）「自治体議員報酬の史的展開」『自治総研』456号
増山幹高・山田真裕（2004）『計量政治分析入門』東京大学出版会
待鳥聡史（2015）『代議制民主主義――「民意」と「政治家」を問い直す』中公新書
待鳥聡史（2017）「地方議会改革の文脈を再考する」『地方自治』2017年11月号
松阪市議会議員定数のあり方調査会（2016）「松阪市議会議員定数に関する意見書」
的場敏博（2012）『戦後日本政党政治史論』ミネルヴァ書房
馬渡剛（2010）『戦後日本の地方議会――1955～2008』ミネルヴァ書房
三宅一郎（1985）『政党支持の分析』創文社
村松岐夫・伊藤光利（1986）『地方議員の研究――「日本的政治風土」の主役たち』日本経済新聞社
森本哲郎（2010）「政党組織をめぐる理念と現実――55年体制初期の社会党と組織問題」（2）『関西大学法学論集』第60巻第4号
山本健太郎（2018）「二元代表制の理念と現実」『都市問題』2018年5月号
吉田利宏（2016）『地方議会のズレの構造』三省堂
Mainwaring, Scott, and Matthew Soberg Shugart, eds., 1997, *Presidentialism and Democracy in Latin America*, Cambridge University Press.

辻 陽（つじ・あきら）

1977年，大阪府生まれ．99年，京都大学法学部卒業．2001年，京都大学大学院法学研究科修士課程修了．03年，京都大学大学院法学研究科博士後期課程中退．京都大学博士（法学）．近畿大学法学部講師，同准教授を経て16年より同教授．

著書『戦後日本地方政治史論――二元代表制の立体的分析』（木鐸社，2015年，日本公共政策学会学会賞奨励賞）
『現代日本の政治――持続と変化』（共著，法律文化社，2016年）
など．

日本《にほん》の地方議会《ちほうぎかい》
中公新書 *2558*

2019年９月25日発行

著 者 辻 陽
発行者 松田陽三

本文印刷 三晃印刷
カバー印刷 大熊整美堂
製 本 小泉製本

発行所 中央公論新社
〒100-8152
東京都千代田区大手町 1-7-1
電話 販売 03-5299-1730
編集 03-5299-1830
URL http://www.chuko.co.jp/

Published by CHUOKORON-SHINSHA, INC.
Printed in Japan ISBN978-4-12-102558-6 C1231

中公新書刊行のことば

いまからちょうど五世紀まえ、グーテンベルクが近代印刷術を発明したとき、書物の大量生産は潜在的可能性を獲得し、いまからちょうど一世紀まえ、世界のおもな文明国で義務教育制度が採用されたとき、書物の大量需要の潜在性が形成された。この二つの潜在性がはげしく現実化したのが現代である。

いまや、書物によって視野を拡大し、変りゆく世界に豊かに対応しようとする強い要求を私たちは抑えることができない。この要求にこたえる義務を、今日の書物は背負っている。だが、その義務は、たんに専門的知識の通俗化をはかることによって果たされるものでもなく、通俗的好奇心にうったえて、いたずらに発行部数の巨大さを誇ることによって果たされるものでもない。現代を真摯に生きようとする読者に、真に知るに価いする知識だけを選びだして提供すること、これが中公新書の最大の目標である。

私たちは、知識として錯覚しているものによってしばしば動かされ、裏切られる。私たちは、作為によってあたえられた知識のうえに生きることがあまりに多く、ゆるぎない事実を通して思索することがあまりにすくない。中公新書が、その一貫した特色として自らに課すものは、この事実のみの持つ無条件の説得力を発揮させることである。現代にあらたな意味を投げかけるべく待機している過去の歴史的事実もまた、中公新書によって数多く発掘されるであろう。

中公新書は、現代を自らの眼で見つめようとする、逞しい知的な読者の活力となることを欲している。

一九六二年一一月

現代史

経済・経営

中公新書

経済・経営 g2

社会・生活

- 2484 社会学　加藤秀俊
- 1242 社会学講義　富永健一
- 1910 人口学への招待　河野稠果
- 1646 人口減少社会の設計　松谷明彦・藤正巖
- 2282 地方消滅　増田寛也編著
- 2333 地方消滅 創生戦略篇　増田寛也・冨山和彦
- 2355 東京消滅―介護破綻と地方移住　増田寛也編著
- 2454 人口減少と社会保障　山崎史郎
- 2446 人口減少時代の土地問題　吉原祥子
- 1914 老いてゆくアジア　大泉啓一郎
- 760 社会科学入門　猪口孝
- 1479 安心社会から信頼社会へ　山岸俊男
- 2322 仕事と家族　筒井淳也
- 2475 職場のハラスメント　大和田敢太
- 2431 定年後　楠木新
- 2486 定年準備　楠木新
- 2422 貧困と地域　白波瀬達也
- 2488 ヤングケアラー―介護を担う子ども・若者の現実　澁谷智子
- 1894 私たちはどうつながっているのか　増田直紀
- 2138 ソーシャル・キャピタル入門　稲葉陽二
- 2184 コミュニティデザインの時代　山崎亮
- 2037 社会とは何か　竹沢尚一郎
- 1537 不平等社会日本　佐藤俊樹
- 265 県民性　祖父江孝男
- 2474 原発事故と「食」　五十嵐泰正
- 2489 リサイクルと世界経済　小島道一

中公新書

教育・家庭

m1